本书为"中国外语教育基金"项目"职业院校英语学科课程思政的建设路径研究"(项目号 ZGWYJYJJ10A004) 的阶段性成果。

唤醒教育
——高职英语教学实践与反思

张晓青　著

图书在版编目（CIP）数据

唤醒教育：高职英语教学实践与反思 / 张晓青著
. -- 北京：中国商务出版社，2020.9
ISBN 978-7-5103-3416-0

Ⅰ. ①唤… Ⅱ. ①张… Ⅲ. ①英语—教学研究—高等职业教育 Ⅳ. ① H319.3

中国版本图书馆 CIP 数据核字 (2020) 第 120494 号

唤醒教育——高职英语教学实践与反思
HUANXING JIAOYU——GAOZHI YINGYU JIAOXUE SHIJIAN YU FANSI

张晓青　著

出　　版：	中国商务出版社
地　　址：	北京市东城区安定门外大街东后巷 28 号　邮编：100710
责任部门：	商务事业部（010-64243016）
责任编辑：	刘姝辰
总 发 行：	中国商务出版社发行部（010-64208388　64515150）
网购零售：	中国商务出版社考培部（010-64286917）
网　　址：	http://www.cctpress.com
网　　店：	https://shop162373850.taobao.com/
邮　　箱：	349183847@qq.com
开　　本：	710 毫米 × 1000 毫米　1/16
印　　张：10.5	字　　数：126 千字
版　　次：2020 年 9 月第 1 版	印　　次：2020 年 9 月第 1 次印刷
书　　号：	ISBN 978-7-5103-3416-0
定　　价：	35.00 元

凡所购本版图书有印装质量问题，请与本社总编室联系。（电话：010-64212247）

版权所有　盗版必究（盗版侵权举报可发邮件至此邮箱：1115086991@qq.com 或致电：010-64286917）

前言

提笔写作本书的目的在于对自己28年执教生涯中教育教学实践心得和体会进行回顾与总结，尤其集中围绕在高职院校任教16年的教学工作展开，希望能够通过经验总结理清思路，进而在今后的教育教学理论和实践领域有更进一步提升。

本书由五个章节组成：第一章绪论，介绍了我国高职院校发展历程及笔者的任教院校；第二章，介绍了高职英语教学现状及教学目标设计；第三章，讲述了笔者在高职院校以唤醒为目标的教育教学实践与感悟；第四章，介绍了在多年的教育教学实践中所依据的主要教学理论；第五章，介绍了教师成长及职业特点。

本书以实践教学为经，以心得感悟为纬，以语言技能为宗，以育人育德为旨，时代性强，内容全面，理论联系实际，阐述详尽、系统。

由于笔者水平有限，加之时间紧迫，错误遗漏在所难免，还望专家、学者、同行以及广大读者批评指正。

张晓青
2020年5月

目录

第1章 绪论 ··································· 1
1.1 中国高职院校发展历程 ··············· 2
1.2 北京农业职业学院简介 ··············· 3

第2章 高职英语教学现状及教学目标设计 ········ 5
2.1 高职英语教学现状 ··················· 6
2.2 英语教学目标设计 ··················· 8

第3章 教学实践 ······························· 11
3.1 教学信息化历程 ····················· 12
3.2 英语影视教学 ······················· 44
3.3 《英语演讲的艺术》选修课对高职生的影响 ········ 68
3.4 高职英语人文教育 ··················· 75

第4章 相关理论研究 ·························· 101
4.1 多元智能理论 ······················· 102
4.2 心理学理论 ························· 108
4.3 建构主义理论 ······················· 118

4.4 人本主义理论 …………………………………………… 125

第5章 教师成长 ………………………………………… 131
  5.1 个人成长 ……………………………………………… 132
  5.2 教师素养及职业特点 ………………………………… 145

参考文献 …………………………………………………… 157

致 谢 ……………………………………………………… 162

第1章 绪 论

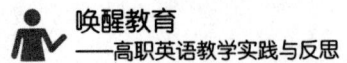

1.1 中国高职院校发展历程

中国的高职高专院校早在清末就已出现,1902年—1904年期间出现的"高等实业学堂"和"高等师范学堂",就是中国最早的高职院校范本。1949年以后,除了高等师范院校仍在走高等职业教育之路外,其他的高职院校已消失殆尽。直到1980年,国家教委批准建立首批13所短期职业大学,高职教育才迎来了蓬勃发展的春天。1982年,胡耀邦在第十二次全国代表大会上的报告中,作出"加强中等职业教育"的指示。1995年《中华人民共和国教育法》、1996年《中华人民共和国职业教育法》和1998年《中华人民共和国高等教育法》的相继颁布,都对中高等职业教育发展起到了促进作用,并提供了强有力的措施保证。《国家中长期教育改革和发展规划纲要(2010—2020)》明确把职业教育单列为8大教育类型之一,《国家职业教育改革实施方案》更对职业教育的发展进行了详尽而具体的指导。

我国的高职教育大致可以分为3个发展阶段,即1980年—1993年期间的高职教育雏形期;1994年—2001年之间的高等专科向高职教育转型期;2002年至今的高职教育成熟期。数据显示,截至2019年6月15日,全国高等学校共计2,956所,其中普通高等学校2,688所(含独立学院257所),成人高等学校268所;2,956所高等学校中有1,257所高等职业学院和高等专科学校,其中国家财政拨款的学校988所(其中高等专科学校109所),民办学校269所(其中高等专科学校4所)。由上述数据可知,高职院校发展迅猛,几乎占据了高等院校的半壁江山。

1.2 北京农业职业学院简介

北京农业职业学院，溯源于1958年建校的北京市农业学校，2002年成功转型为高职院校，有着60余年的办学历史，现为国家示范性高等职业院校和北京市特色高水平职业院校建设单位。学院总占地81.22公顷，建筑面积32.54万平米，下设园艺、畜牧兽医、食品与生物工程等9个系部，以及清河校区（机电工程学院）和北苑校区（国际教育学院）；拥有全日制在校生及学院所属北京市农业广播电视学校学生8,000余人，面向河北、山东、山西、湖北、福建等13个省、自治区招生。学院现有专任教师409人，其中正教授40人，副教授167人。现有北京市专业创新团队7个、优秀教学团队4个，北京市优秀教师3名、教学名师12名、青年教学名师2名、职教名师5名，全国农业职业院校教学名师7名，黄炎培职业教育杰出教师奖1名，国家"万人计划"教学名师1名，北京市职业院校优秀青年骨干教师28名。学院积极开展对外交流与合作工作，分别与俄罗斯沃罗涅日国立农业大学、德国宁堡农学院、韩国富川大学、马来西亚吉打亚罗士打技职学院、毛里求斯福尔肯公民联盟等27所职业院校和机构建立了长期稳定的校际交流关系，开展教师科研项目交流、专业交流、学生海外实习、学生互换交流等项目；与加拿大圣力嘉学院、美国卡比奥拉尼社区学院联合举办会计、国际经济与贸易、旅游管理专业高职合作办学项目；在泰国披集农业技术学院设立海外分院；学院具有接待国外留学生来华留学资质，先后招收哈萨克斯坦、乌兹别克斯坦、俄罗斯、新加坡、韩国和泰国等国留学生来院学习汉语、进行农业专业实习培训。

第2章
高职英语教学现状及教学目标设计

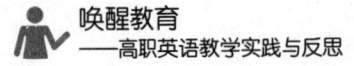

2.1 高职英语教学现状

　　由于近几年中国国内整体学生总人数明显下降，很多高职院校为了学院自身发展，降低了对学生的入学要求，甚至有些院校已经实施注册入学。凡此种种造成了高职生的生源不一，有高中生、中职生、中专生和技校生等。上述生源英语基础参差不齐，在一定程度上造成了高职英语教学困难重重，举步维艰。

　　根据2019年对北京5所高职院校10,160份调查问卷中10,132份有效调查问卷的数据分析显示：79.31%的学生英语学习目的是为了顺利通过考试；31.93%的学生认为各类英语比赛获奖证书和英语成绩对其将来就业有影响；83.14%的学生表示英语学习中更关注听、说、读、写、译语言技能的培养；37.32%的学生表示对学习中教师传授的态度、情感以及价值观念等感兴趣，认为这些知识有助于其长期发展；21.72%的学生认为学习英语多了一双看世界的眼睛，对开拓国际视野，培养家国情怀有益处；19.13%的学生学习英语源于满足个人兴趣和爱好；29.16%的学生渴望能说一口流利的英语，能用英语进行书面交流，希望自己学了多年的英语能在今后的职场中有用武之地；81.74%的学生讨厌为应试而学习，因为这样无法获得学习的乐趣，感觉不到成就感。通过高职入学新生的英语学习动机调查问卷不难看出：长期的应试教育，对高职学生英语学习目的影响深远，他们的学习动机具有很强的功利性，这是一种无奈的、被动的学习，自然效率低、成绩差；学生只关注到了英语学科的工具性功能，而忽略了它的人文性作用。

时下的高职生思维跳跃、专注力差、喜好新事物，原有的一成不变的教学方法和手段已经很难使这些"数字土著"满足，这就要求高职英语教师顺应"互联网+"时代发展，紧跟时代步伐，将信息技术应用在教学实践中，使课堂更生动，内容更丰富，彻底扭转传统高职公共英语教学忽略学生作为"人"的存在。在传统模式中，教师作为教学活动的主体，以"教"为主，实施填鸭式教学，学生只能听和做笔记，最终学成"哑巴"英语。信息技术不会取代教师，但不会应用信息技术的教师终将会被能熟练应用信息技术的教师所取代。

每一个学生都有丰富的心灵与巨大的潜能，他们的内心世界就像一个藏满宝藏的盒子，在这个盒子里，有智慧、理性、意志、品格、美感以及直觉等生命能量，教育只需要将其内在的良知良能唤醒。尤其是那些成绩不好的学生，教师更应该应用各种途径唤醒他们心灵深处的天赋潜能和内在力量，让他们从蒙昧中醒来，而不是一味地要求他们学习。学生在被动状态下的学习只是应付差事，对他们的智力启发毫无意义。如果教育工作者不能揭开人类心灵的神秘面纱，那么就无法真正理解教育的真谛；如果不能潜入到人类灵魂的最深处去感悟生命的神奇，自然就永远找不到教育的力量。教师要作心灵的唤醒师，不做学生学习的催促者与强行灌输者。

所谓"资之深，则取之左右逢其源"，教师若想教给学生一滴水，其自身需要有一桶水，在知识多元化的今天，教师更应该是一条潺潺流动的小溪。高职公共英语教材内容涉及科学历史、文化政治、经济法律、家庭社会等诸多方面，揭示社会现实的同时也反映了生活中的真善美，隐含着深厚的人文精神，极具研讨价值。教师若想充分挖掘教材中的人文教育元素及教育功能，自身需要具备很高的人文素养，而文学素养、音乐素养和信息素养是使课堂变得生动、充满活力的三个重要法宝。作为历史进程中的一分子，教师最重要的任务是树立终身学习的信念，持续为自己充电，不断提高综合素养，引领学生追随历史运行的方向，避免被历史的车轮碾压。

2.2 英语教学目标设计

（1）应用和专业能力并重

2009年颁布的《高等职业教育英语课程教学要求》明确提出了高职英语课程的教学目标：既要夯实学生的语言基础，又要培养语言实际应用能力，尤其是用英语处理与职业相关的业务能力。因此，在高职英语教改中，英语要与专业课程相结合，开设专业英语或行业英语课程，并且构建实训教学模式，以应用为目的，职场交际为目标。

（2）重听说

《高等职业教育英语课程教学要求》中强调，听、说、读、写、译五项技能要全面培养，并要着重强化听、说能力的提高。时下的高职生虽接触英语多年，但因语言基础薄弱，缺乏自信心和英语语言应用环境，所以没有养成良好的听说习惯，故而使得听说能力不足，成为目前高职院校一种普遍存在的现象。

（3）强调素质培养

《高等职业教育英语课程教学要求》中明确提出，要培养学生学习兴趣和人际交往能力，加强素质培养。素质的提升是一个人成长的缓慢过程，这里既包括了各类知识的汲取，还意味着团队合作时的协作、奉献精神。高职教育的目的是要培养综合素质全面发展的应用型人才，教育部《关于全面提高高等职业教育教学质量的若干意见》中指出："高等职业院校要坚持育人为本，德育为先，把立德树人作为根本任务。要高度重视学生的职业道德教育和法制教育，重视培养学生的诚信品质、敬业精神和责任意识、遵纪守法意识，培养出一批高素质的技能性人才。"高职教育要把专业技能教育与人文素养二者有机结合起来，为国家培养出创造型高素质人才。

2018年1月，教育部密集发布了一系列与外语教学密切相关的政策，集中体现我国新时代的教育理念是以学生成才为核心，以素养发展为目标，实现立德树人根本任务和全面发展的教育方针。高等学校外语教育的国家最新标准强调，"外语教育"必须培养学生的"中国情怀"、"国际视野"、"文化意识"、"思维品质"、"人文素养"及"沟通能力"，要求学生树立正确的历史观、国家观、民族观、文化观，能主动积极地与来自多元文化背景的人们共同构建人类命运共同体。构建人类命运共同体是当今世界的重要命题，也是外语教育者的时代责任，因此，外语教育要树立人类命运共同体意识，而这要以语言为基础，逐步培养学生使其成为具有全球胜任力的新一代。

英语学科作为高职院校人才培养基础阶段开设的一门必修课，其历时长、受众多、覆盖面广，教师应将学生核心素养教育列为课程教学目标之一，在课程教学实践中，努力通过个人言传身教，课堂教学实践和课外学习指导，实现该课程人文素质教育，语言应用能力提升和职业能力培养三维功能的融通。

第 3 章
教学实践

3.1 教学信息化历程

教育信息化,是指在教育管理、教育教学和教育科研中,运用计算机、多媒体和网络信息技术等,促进教育的全面改革,使之适应信息化社会对教育发展的新要求。教育信息化的核心内容是教学信息化。教学信息化就是要使教学手段科技化,教育传播信息化,教学方式现代化,其技术特点是数字化、网络化、智能化和多媒体化,基本特征是开放、共享、交互和协作。教学信息化要求在教学过程中运用现代信息技术促进教学改革,以教学信息化促进教学现代化,用信息技术改变传统教学模式,从而适应正在到来的信息化社会。教学信息化的发展,带来了教学形式和学习方式的重大变革,并对传统的教育教学思想观念、模式内容和方法产生了巨大冲击。教学信息化对于转变教育教学思想和观念,深化教学改革,实施素质教育,提高教学质量和效益,以及培养创新人才等具有深远意义。

信息技术在教育中的应用依次经历了计算机辅助教学、计算机辅助学习和信息技术与课程整合三个阶段,当前中国信息技术教育正处于第三阶段。信息技术与教育整合是指信息技术和谐自然地与教育的结构、内容、资源及实施过程等融为一体,成为教育的有机组成部分。

中国国内的计算机辅助教学阶段(Computer Aided Instruction, CAI)兴起于20世纪50年代左右,延续至20世纪80年代中后期,其发展特征为应用计算机的文字、声音、图像和动画等功能,帮助教师处理教学中的一些重难点,强调一个"教"字;计算机辅助学习阶段（Computer Assisted Learning，CAL），发展阶段大约是从20世纪80年代中后期至90年代中后期，此阶段的发展特征为强调利用计算机作为辅助学生学习的工具，充分发挥学生自主学习，独立思考精神，侧重一个"学"字；信息技术与课程整合（Integrating Information Technology into the Curriculum，IITC）阶段简称IITC，约从20世纪90年代中后期发展至今，其发展特征为信息技术与教育融合进一步深化，师生信息素养显著提升，不仅将信息技术用于辅助"教"和辅助"学"，而且利用信息技术创建仿真的学习环境、全新的学习及教学方式，彻底改变了传统的教学结构。信息传播的形式和人们接受信息的方式，随着科技的进步与传媒的发展也有所改变：基于印刷文本的阅读逐渐转变为基于视觉图像的解读。信息技术与学科教育融合在学习方式、内容等方面使传统教育旧貌换新颜，成为造纸术、印刷术之后对教育产生重要影响的一项技术。

信息技术和教学融合可谓教育发展史上的一场极具影响力的变革，起源于20世纪40年代-60年代的美国，以1946年第一台电子计算机的面世和1969年Internet网的创建为标志。1958年，美国IBM公司研制出了世界第一个计算机辅助教学系统。1985年，美国提出了信息技术与学科整合的思想，1997年，该研究大规模展开，主要以培训教师掌握信息技术的基本技能，帮助教师转变角色，鼓励教师在教学中充分利用IT为特点。1999年的教师培训重在对课程整合理论的培训。2000年，该研究进一步深化，鼓励全员参与，课程整合由模式探索步入环境建构阶段。

英国是欧洲将信息技术应用于教育中的先行者。其特点表现为跨学科整合教学资源，实现多学科间的横向联系；重视学生实践，打破了教学时间和空间的限制。

英美等发达国家在将信息技术应用于教育中的相关理念、方法与模式等方面，为大家提供了许多值得学习和探究的地方。

3.1.1 高职英语教师信息素养分析

1974年，Paul.Turkowski首次提出信息素养（Information literacy），并将其解释为"利用信息工具和信息源解答问题的能力"。时下教师的信息素养通常由信息知识、信息能力与信息道德组成。信息化教学能超越时间和空间的限制，提高教学效率，增强直观性，提升学生学习兴趣、优化教学过程、提高教学质量、深化课程改革。

通过数学工具SPSS对北京六所高职院校英语教师信息素养调查问卷分析的结果，在一定程度上如实反映了高职英语教师的信息素养现状和存在的问题：学历高的教师信息能力略高；男教师的信息能力均值略超女教师；讲师的信息操作技能的均值高于助教和副教授；教师常应用信息技术进行课堂教学、备课、出作业或试卷，鲜有人应用于科研和制作教学软件；英语教师的信息技术教学方式单一，绝大多数局限于基本操作技能，更深层次地对信息加工的具有创新性的教学活动鲜有人涉及；教师缺少系统的、有组织的信息技术培训，对学生信息素养方面的教育欠缺。

信息技术对人类社会的深刻影响，要求把信息素养作为信息社会的文化基础。由此可见，高职英语教师的信息素养亟待提高，需要长期不定期地参加信息技术培训以适应时代的发展，使自身具备根据所教内容自发确定什么时间、多长时间、哪些环节适合运用，以及如何运用信息技术的判断能力、选择能力和应用能力，并长期坚持使用，使学生在潜移默化中逐渐养成运用现代信息技术的思维习惯和学习习惯。

3.1.2 信息化与英语教学的融合

20世纪90年代，互联网的快速发展和普遍应用使人类进入了信息时代。人们的生活方式、思维方式、学习方式和工作方式等都将随之而改变，可以预见，信息技术是主导未来世界发展的重要因素之一。许多发达国家已经重新调整教育培养目标，制定教改方案，把提高青少年的信息素养作为信息化社会建设的重中之重，这也将是中国国内需要进行的一项长期工作。

"十二五"以来，特别是《教育信息化十年发展规划（2011-2020年）》的出台和全国教育信息化工作会议首次召开后，教育信息化工作秉承促进信息技术与教育教学深度整合的核心理念，在各级各类教育教学改革中都取得了历史性突破。物联网、大数据、云计算等新技术纷涌而至，社会信息化程度日益加深，信息技术对教育的巨大影响日趋凸显。十八大召开之后，党中央、国务院对信息化工作极其重视，陆续出台了"互联网+"行动计划和促进大数据发展行动纲要等相关政策，信息化已成为国家发展的战略趋势，教育信息化即将面临重大历史发展挑战。在致首届国际教育信息化大会的贺信中，习近平主席指明了教育信息化工作的目标、方向和途径：创建"人人皆学、处处能学、时时可学"的学习型社会，大力推进教育公平，减小区域、城乡数字差距，让亿万孩子在同一片蓝天下共享优质教育资源，培养大量创新型人才是教育信息化工作的终极目标；教育信息化工作的方向是，坚持不懈大力倡导信息技术与教育融合创新发展，以信息化为手段使优质教育资源覆盖面最大化；教育信息化工作的途径是，通过教育信息化形成网络化、数字化、个性化、终身化的教育体系。全面提高教育质量、推进教育公平、进一步深化教育综合改革等是"十三五"期间教育信息化所要面对的重要任务。

英语教学工作者必须应对时代挑战，牢牢抓住这一前所未有的历史发展机遇。应用信息技术创新教学模式，使应用、融合、创新、发展四者之间形成一种良性循环；聚焦教育改革发展过程中的重难点，通过拓展教育信息化应用的广度与深度提升英语教学成效，加强信息化对教改的技术支撑，加快教育改革和发展，促进教育思想和理念的转变，增进师生信息素养，充分利用信息技术对教育的积极影响作用，构建能促成教育现代化发展目标实现的教育信息化体系，形成中国特色的教育信息化发展路径。

当代信息技术发展迅猛且超越了社会系统的整体发展，尤其是在多媒体等信息技术大力发展的前提和背景下，这种飞速发展的现状在令人感叹的同时，也必将会带给人们思考及生活方式的悄然巨变。作为教学工作者，要善于利用这种变化和趋势，引导、教会学生在瞬息万变的社会洪流中开发自己的潜能，最大限度地实现自己的人生价值。信息技术与课程的整合，为教师的教学提供了一条超时空隧道，为学生的学习创造了新途径，增强了学生的多元思维能力，学生的学习方式向融合性、关联性学习过渡，由被动的学习向体验性学习转换，从学科知识的学习转变为相关生活主题的学习。"互联网+"时代下，传统教学理念、思维和模式已无法有效激发学生的学习兴趣。

以下是笔者基于高职英语教学大纲，根据英语学科特点和学情，针对高职学生注意力涣散，厌倦看书，对传统课堂学习丧失兴趣等情况，将现代信息技术应用于高职英语教学实践中的两个成功案例。

（1）WTM2.0在英语写作教学中的应用

写作教学在高职英语教学中占有相当重要的位置，然而学生基础差，缺乏写作兴趣和动力，笔者认为，这与传统英语教学终结性评价机制有关。终结性评价机制主要是对学生学习的结果进行评价，忽视促进学生全面发展。而形成性评价机制，则在很大程度上改变了以考分定优劣的不公平的评价方式给学生带来的负面影响，既有利于英语教学目标的全面落实、学生英语能力的全面提高，又有利于学生健全、健康人格的形成，因此，在写作教学中运用形成性评价极具现实意义。

Writing Roadmap TM2.0（WTM2.0）是麦格劳－希尔教育测评中心推出的在线形成性评价工具，它是一款教辅兼学生英语写作自测系统，具有"简洁的操作平台"、"即时反馈的成绩报告"和"多元的帮助功能"等特点。

笔者以二语习得理论中建构主义学习观为理论基础，采用对比教学实验的研究方式，选择本人当时所教的三个班，一个班作为控制班（Control Class，CC），共33人；另外两个班作为实验班（Experimental Class，EC）依次为25人和28人。CC班采用传统的以教师为中心的写作教学模式（教师出题——学生在规定时间内完成习作——教师批改——出示范文——优秀作文讲评）及终结性评价方式；EC班采用专属的WTM2.0在线计算机辅助教学系统及测评工具，开展了为期一年的教学研究，采用了在线调查问卷、前测、教学实验、后测和访谈等多种教学形式并取得了良好的教学效果。进行在线作文前测和后测，目的在于，通过数据收集和分析，检测CC班及两个EC班学生实验前后英语写作水平和技能的变化情况；CC

班和两个 EC 班的学生除了要完成前、后测两份作文，还要填写在线调查问卷，目的是考察 CC 班和 EC 班的学生实验前后写作兴趣、写作动机及自我反思能力的变化。实验结果表明：①EC 班的学生在设定目标、独立学习以及自我评价等方面，都比 CC 班学生有了很大的提高。②两次调查问卷的结果分析显示：EC 班写作热情、自信心和自主学习能力明显高于 CC 班。③对收集到的实验数据（前测和后测的成绩），本人运用 WTM2.0 全班成绩单报告（Writing List by Group）对测试结果进行了对比分析（该报告基于一次测试，可为教师提供全班学生成绩单，包括 Ideas And Content、Organization、Word Choice、Fluency 和 Conventions 五个维度的分享成绩和总分，以及班级的平均分）得出如下结果：两个 EC 班和 CC 班在前测中的成绩差别不大，证明三个班级的写作水平差距不明显，几乎处于同一起跑线；而在后测中，使用了在线形成性评价工具 WTM2.0 的两个 EC 班成绩显然高于 CC 班，这表明 WTM2.0 写作软件促进了学生写作技能和水平的提高。

①WTM2.0 写作软件有效性的理论根据：

A. 从教者由加德纳的多元智力理论可获知：每个人至少有七种智力（即文字—语言智力、数学—逻辑智力、视觉—空间智力、身体—动觉智力、音乐—节奏智力、交往—交流智力及自觉—自省智力），大部分人都是某几种智力较强，某几种智力逊之、甚至不发达。

作为教师，对学生的优势智力要有鉴别能力，并能因势利导，帮助学生将某些弱势智力发展到一定水准，即帮助学生分析他之所以在优势智力活动中表现优秀的原因，那就是保持持久的注意力、积极主动的思维和克服困难的勇气等，然后给予适当鼓励，并指导学生将自己从事优势智力活动时所具有的智力特点和意志品质迁移到弱势智力活动中,从而使学生的弱势智力得到极大的发展;教师则应选择科学的教学方法和评价标准因材施教。形成性评价工具WTM2.0写作软件,在高职高专英语写作教学中的应用,使笔者得以将多元智力理论应用于实践教学中。

众所周知,高职高专学生英语基础差,缺乏写作的热情和动力,而形成性评价工具的应用能对学生写作技能和写作水平的提高产生积极的影响,尤其集中体现在一些英语基础差但喜好计算机的同学身上。发达的网络技术,集文字、声音、图像于一体,生动直观,信息量大,既能改善教学环境,又能优化教学结构,为学生们提供丰富的学习资源,它打破了学生们只能在教室听课的单一教学模式,极大地调动了擅长计算机操作的学生们的写作积极性。学生们调动各种有效资源积极投入,从而创设了一个语言学习和内化的环境。WTM2.0写作软件的应用使他们跃跃欲试,因为他们是网络高手,他们自信,感兴趣!该系统可以自动评价学生输入的文稿,并提出修改意见,这赋予他们极大的挑战性,他们为能写出一个正确的句子而欢呼,为能写出整段的话而雀跃,笔者亲眼目睹他们写作时激动专注的神情,就他们自己而言,英语成绩从没超过20分,对于用英语写作文从来都没敢想过,WTM2.0写作软件的应用使他们认识到一切皆有可能。

在此,笔者引用进步显著的学生邓然的原话,"我在这一年中所写的作文数量远远超过了过去18年的总和"。认知理论启示我们,在外语教学中,学习者是内因起关键作用,正确的学习态度及百折不挠的学习精神对学习者极其重要;但大家都知道,不开心的事情单靠毅力是做不长远的,而WTM2.0写作软件有助于激发学生的内在求知欲望和学习潜能，笔者认为，真正的教育正是帮助学生从读书中找到乐趣，并愿意为这份乐趣付出辛苦！教师在力所能及的范围内对教学做一点变革，就会让学生的生命色彩美丽一些、舒展一些、喜悦一些。

在此，笔者节选了邓然等同学写作中的一些原句，大家由此可以看出，在WTM2.0写作软件应用过程中高职学生常见的一些问题。

①高职生英语写作中的词汇误用

a. 拼写错误

在高职生的英语作文中，经常会见到学生把before写成befor，把similar写成similiar，把professor写成professer，把modern写成morden等。单词拼写遗漏字母、多字母、错字母、颠倒字母等现象是词形失误的集中体现，而错误造词是它的另一种表现形式：

例1　They came from the westnorth of France.（正确用词应为northwest）

例2　Womans were looking after their babies.（正确用词应为Women）

例3　They work with an inbelievable speed.（正确用词应为unbelievable）

WTM2.0写作软件中的拼写纠错功能可以即时改正上述错误。

b. 词义失误

例4　I first met Tom when I was looking for someone to use the house.（正确英文用词应为share）

例5　I think life is＿＿＿＿ short to worry about something unimportant.（＿＿＿＿处缺少英文单词too）

例6　In about three weeks ago, I decided to move to Beijing.（in在句中为多余的词）

例7　This book is getting many students interesting in science.（正确英文用词应为interested）

c. 词法失误

例 8　I want to tell you important something.（正确表达应为 something important）

例 9　A new museum was open to_____ public in my hometown last year.（_____处缺少定冠词 the）

例 10　We had a lot of common and soon became best neighbors.（错误搭配，of 应为 in）

例 11　Nothing can proof he wasn't on the spot at that moment.（此处应为 prove）

②高职生英语写作中的语法错误

例 1　If you want to learn English well, there is some ways.（主谓不一致，"There be"句型中，谓语动词应与其后的主语保持一致，正确表达为…, there are some ways.）

例 2　After all had been prepared, you can cook the dinner.（时态误用，应使用现在完成时，正确表达为 After all has been prepared, …）

例 3　Why don't plant some trees by yourself?
（"why not"这个特殊句型没能掌握，正确表达为 Why not plant…）

例 4　I put an advertisement in the local newspaper and she is one of the people who answered it.（时态错误，正确表达为 was）

例 5　Many trees planted in the school.（语态错误，正确表达为 were planted）

WTM2.0 写作软件的语法纠错功能可以及时发现错误提供改正建议，是教师的智囊，学生的帮手。

B. 认知理论启示我们，英语学习是新旧语言融合、重新组织、整合、更新的过程；是语言由理论转化为实践的过程；而这些转变都得凭借学生的自身学习活动得以实现。WTM2.0写作软件，在高职高专英语写作教学中的应用使这一理论变成了现实。通过应用该软件进行英语写作教学时，教师需要设计作文情境，这是任务型教学法中教学任务的一种体现。任务型语言教学以学生为主体，教学任务的选取和设定与学生的现实生活息息相关，在关注培养学生兴趣的同时，更注重学生的实际需求。学生在通过英语语言完成习作任务的同时，也从理论上帮助自己解决了现实生活中的问题。人本主义学习理论的代表人物罗杰斯认为，学习是学生自我表现、自我价值实现的过程，学生是学习的主体。

C. 网络英语写作教学与常规英语写作教学的根本区别，在于教学环境的不同。罗杰斯认为，教学的实质和根本任务在于创建一个让学生感到安全、轻松的情境，让学生敢于和勇于自主发表见解、自由想象和创造。在线形成性评价工具WTM2.0在高职高专英语写作教学中的应用，恰到好处地给学习者营造了和谐、宽松的学习环境，这是因为，形成性评估的宗旨是轻结果重过程，它对学生的评价是连续性的而不是一次性的。WTM2.0写作软件能即时对学生习作进行评价，所以学生只要努力就能逐步提高并获得高分，而无需担心因期末一次写作失败导致成绩过低。没有了精神负担，学生自然会更积极主动、全身心投入到学习中，从而重视并享受学习过程。在传统的教室中，讲台高高在上，学生的座位往往是固定的，这种教学环境限制了师生之间、学生之间的交流，助长了教师采用满堂灌教学方法的风气；而在计算机机房中，学生人手一机，能深切体会到自己是学习的主人，师生心情愉快，关系和谐，交流顺畅，有利于语言的输入与产出。这是因为情感态度在很多方面直接或间接地影响语言学习。如果学生把英语写作课堂视为一个暴露他们语言错误的地方，心理就会紧张，这样的情感因素就不利于语言的输入和产出。

D. WTM2.0写作软件在高职高专英语写作教学中的应用，形成了一种合作学习的教学模式。在传统的英语写作教学中，虽然教师与学生、学生与学生在同一个教室，但多是教师向学生的单向填鸭式教学，学生很难有机会系统地向老师表达自己对问题的看法及展示解决问题的具体过程；学生们之间就学习问题很少交流。相较之下，WTM2.0写作软件的应用为师生们提供了一个互动的舞台，教师和学生都参与到人际交流和语言交流当中，学生在获得大量语言实践的同时，也学到了交流的技巧。众所周知，不同的人对相同的事物会有各自的理解及解决方式，那么如何克服交流过程中的信息差、推理差、观点差，这对每一个渴望成功的人来说都是一门必修课，而英语习作任务的完成要求学习者用语言去解决问题，学会师生互动、生生互动，这无疑为学生学会鉴别事物、学会合作、学会做事和做人提供了良好的契机。生生互动既便于学生彼此了解、感受来自同辈间的压力，又便于精诚合作增强集体荣誉感，对学生整体素质的提升不无益处。

E. WTM2.0在线形成性评价工具将形成性评估方式应用于高职高专英语写作教学各环节的实施过程中，为学生提供了一个自我发展与展示的平台，有利于提高学生学习兴趣，加强自主学习能力的培养；该写作软件的应用，有助于教师即时了解学生的学习状况，帮助其反思、整理和分析学习过程及结果，进而调整下一步的学习规划。

实验前，笔者曾对我院398名非英语专业学生就"英语教师批改

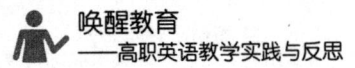

写作作业方式的期望"这一问题进行了问卷调查，结果如表1所示：

表1 学生对英语教师批改写作作业方式的期望

期望	给总成绩	写出评语	当面修改	全班修改	同学互改
人数	28	159	171	32	8
百分比	7	40	43	8	2

数据显示，总共有28人希望老师在批改英语作文时给出总成绩，占7%，这说明传统的只给出总成绩的作文批改方式已经过时，不再适应当前的教学要求；有159人希望老师写出客观的评语，占40%，反映出学生们期盼在写作中得到老师的认可，这是一种受学生欢迎的批改方式；有171人希望老师能当面批改，占43%，有这一要求的人数最多，这是一种有效的批改方式，但在当前教师课时多、科研任务重的情况下，又是一种不切合实际的希望；有32人希望老师在全班修改作文，占8%；只有8人希望老师安排同学间互改，占2%。笔者认为，最后一种方式最好和其它方式结合起来使用，如果时间许可，教师一般不要采取这种方式。

综上所述，我们可以看出，学生对只练不改、部分批改和同学互改都持不赞成态度。与传统书面作业相比，WTM2.0在线形成性评价的及时性得到了保证，提高了学生的写作能力和教师的教学效率。

通过WTM2.0，既可以对学生进行写作教学，又可以对学生的写作全过程进行跟踪测评和反馈；通过WTM2.0，不仅可以将形成性评估方式应用于高职英语写作教学各环节，更可以将其应用于培养学生反思学习能力方面，旨在将学生新旧知识整合，提升学生的整体个人素质。WTM2.0在高职英语写作教学中的运用，使学生获得了更多写作和评改机会，学生在短时间内体会到自己的进步（很多学生认为能在线随时查询自己的作品及得分对他们的写作有促进作用），参与讨论的热情极高，自主学习及合作学习的能力有所增强。教师通过WTM2.0可随时查看每位学生写作过程中各个环节的不同作品及得分，以动态发展的观点捕捉学生写作技能的变化、制定针对全班的有效教学方案，进行反思性教学。WTM2.0使教师对教学效果有量化的认识，有助于教师在教学的同时进行科研工作；它深化了师生之间的合作与理解，使评估和学习过程相互交融。WTM2.0作为一个英语写作自测系统，其稳定、客观、准确的特性有助于保持形成性评价的良好有效度。这是因为，在形成性评价过程中，实施手段和方法各异会使可信度方面产生一定的问题。在形成性评价中，为了给学生准确、及时的指导和反馈，教师对每位学生的评价必然费时费力，WTM2.0大大减轻了教师逐一批改学生习作的繁重压力。

虽然WTM2.0还存在着一些问题，譬如，对计算机生疏的同学操作起来有困难，或某些同学由于语言障碍而无法正常使用；初次使用的时候，很多学生不知道如何下笔，没有思路；少数学生读不懂题目；其次，学生反应语法纠错功能笼统而模糊，有待完善。但总体来看，在高职英语写作教学中应用WTM2.0形成性评价工具，是有利于学生写作水平提高的。学生们需要在思考、批评的基础上，对自评、互评、机评及师评进行加工，并用来指导将来的写作，这种思考使评价信息成为学生自己的东西，这种方法对写作水平的提高是长期有效的。

②实践反思

教育的目的是为了不教育，也就是说教育是为了引导受教育者进行自我教育。当受教育者能够进行自我教育的时候，他们就会全身心地投入到学习体验中，这种亲身的体验以及知识的得来是经过他们自己验证的,这样也就使受教育者独立思考的能力培养了出来,一旦他们有了自我思考的能力,也就有了明辨是非的能力,明辨是非的能力就是智慧。智慧可以说是知识与价值观的具体结合,它来自于对生命、自我与世界的深刻体验与反思,并形成了动态的判断力。因此,它是一种德性,在生活中外显为真、善、美与和谐、无执、超越等价值形态。

(2) 网络影视课件在英语教学中的应用

信息技术的发展为教改提供了新的机遇和舞台,同时,随着网络技术的发展和社会需求的不断提升,远程教育模式正稳步走上教育舞台并逐渐趋于成熟。为了改变单调乏味的传统视频授课形式以及弥补单纯文字授课方式的不足,实现更加趣味化、自然化、人性化的授课效果,在融合了课程编导、交互影视、教育技术和第九艺术的基础上,形成"影、视、教、学、实践"一体化的影视网络新媒体教学模式,北京理工大学一位学者所倡导的"影视课件"理念应运而生。

影视集文学、戏剧、绘画、音乐、舞蹈、雕塑、摄影等艺术精华于一体,具有很强的综合性,它不但形式多样,还为文化艺术提供了无可替代的表现舞台。影视课件是集教育技术、交互影视为一体的有机组合,它结合教育技术中的"认知理论"和"构建理论"对学习者群体进行分析并深入研究教学情境设计,将影视课件认知视点、悬念设计、冲突理论、趣味性的虚拟奖励机制等融入传统教学设计。影视课件用影视的艺术手法描述学科内容,为学习者提供了浸润和身临其境的实践过程:一方面,学习者通过虚拟环境可以获取各种学习资源,包括来自其他教师、学友的帮助,彼此协作、共同进步(immersion);另一方面,学习者确实身在其中,在参与(presence)。影像思维是信息时代人类的重要特征,是人感知的重要思维方式,影视课件既具备影像思维的现实性又有网络平台传播的虚拟性。"影视课件学"理论是将教育、影视艺术与高科技相结合的跨行业的新型研究成果,由影视艺术为基础发展而来;是将信息技术的内容融合到其它课程的结构、内容、资源和方法当中的深层次整合。基于"影视课件学"理论创建数字化的学习环境,提供数字化的学习资源,无论对学生的"学"、教师的"教",还是师生的"互动"方式等都将产生巨大影响,并不断推进信息技术与课程整合向深层次发展。

影视课件是一门视觉艺术,需要通过惊奇的视觉效果来增强其教学目的,因此,视觉资源的选取就非常重要。视觉资源的稀缺性、奇观化及可获得性是进行选择时需要参考的三个特点。影视课件选题多源于实践教学,受制于教学专业,需符合学习者需求和影视美学原则。

就高职英语教学而言,网络影视课程的选题应聚焦于教师无法言传的语言差异性,让学生通过视频中人物对话、肢体语言、音乐、情境的转换进行感知进而悟出其中的玄机获得语言的精髓;众所周知,语言学习是需要情境的,缺乏语言应用的具体环境也是学生对英语学习丧失兴趣的一个重要原因。"互联网+"的出现和教育技术的高速发展使这一切得以实现:即将走上工作岗位的毕业生们无不疑惑在实际工作中会遇到什么情况,如何处理,如何用英语正确交流等,那么,老师们就可以通过影视课件为学生展示未来的实际工作场景、日常工作流程及涵盖专业知识的英语表达方法等知识,急学生所急,想学生所想,使学生掌握知识的同时信心百倍。

单词和语法是英语学习中最基本的要素，也是令学生们头疼不已的地方。影视课件中直观的画面、惟妙惟肖的配乐、多重冲突情景、扣人心弦的悬念设计及各种蒙太奇技法的巧妙应用，直接诱发了学生语言学习的直感、形象思维、产生了空间和语言的"化学混浊"反应。

因此，高职英语网络影视课程选题时要注重实用性、稀缺性与落地性，制作影视课件的初衷是为教学服务的，因而重在实用，重在对课堂教学，确实能起到有效的辅助作用，而不是华而不实，为了显摆信息技术应用能力而为之。教学影视课件可用在课前导引部分、课中讲解部分以及课后复习部分。

(3) 网络影视课程的编导及应用策略

A. 影视配音策略

有目的地节选一段影视片段，该片段内容或与所讲授部分主题相关，或是集中使用某个语法内容，或是动词常用时态的综合应用，凡此种种都可选择，消除影视片段的全部或部分配音配乐部分，使其以哑剧或半哑剧形态出现，在学生观赏后，利用其格式塔心理让学生根据情景、剧中人的口型、表情、动作等为其配词、配音，使完形填空视觉化、听觉化，形成创造型教学。学生在任务式情境教学中无意识、无语法限制和框架的描述，定能使其认识到自身的真实语言应用能力。请几组同学上台表演配音，既锻炼学生的胆识，又让其他同学认识到对同样的情境的不同理解，拓展学习者的思路。最后，老师再播放原片，给出原始的语言描述，学生在寻找自我差异的同时，语言知识一定已经烂熟于心。

给高职新生上第一节课时，笔者节选了影片《大学新生》中女主人公在宿舍第一次见到室友时的对话片段,该片段以全哑剧形态出现,要求学生猜测片中人的关系、所处的场所、年龄、职业等,并根据情境填词、配音和表演,其他同学作出评价,然后再播放原片配音片段,请学生自行比对。刚入学的新生还是很拘谨,且对该种教学方式感到陌生,但是通过这项教学任务,大家很快打成了一片,既掌握了初次见面交流的语言知识,又认识到彼此之间融洽关系的重要性,随后课堂进入高职教材《新技能英语高级教程》第一册第一单元 Welcome to Our Department 的教学内容学习阶段。由于有了前期的铺垫,接下来的教学内容进行的异常顺利,学生全程参与、积极投入。最后应全班同学要求,班长拷走了《大学新生》全片,组织大家课后观赏。可见,影视课件能激发学生的求知欲望,打开兴趣之门。

B. 无痕教学策略

在英语影视课程编导中,用技术消灭教学痕迹,消灭说教,消灭口口相传的传统教学方式。单词或语法以自然的形态出现,用事物对应单词,由形态对应语法。使用重复蒙太奇反复加深印象;联想蒙太奇进行单词扩展;比喻蒙太奇进行单词比较;对比蒙太奇进行语法选择练习;先声后人蒙太奇和误会蒙太奇进行语法单词的准确运用;冲突蒙太奇引发对问题的辩论;悬念蒙太奇进行问题的抛出;特写蒙太奇进行心理暗示、启发或提示。凡此种种皆可引发悬念,激发学习者格式塔心理,使语言学习还原到儿童时期的萌发状态。用情境的转换带动学生思维状态的转换,利用悬念、陷阱、游戏调动学生进行词汇拓展、语法练习和自我调整、完善,由事物和生活的启迪使学生认知或引发联想,在探索中完成新的教学任务。

讲授行业英语《宠物英语》时,为了让学生对宠物医院各部门、接待流程、宠物体检、治疗、美容、寄养等有个直观的感觉,笔者利用影视视频直接创造场景,然后使用重复蒙太奇并配合特效音乐强化宠物医院各部门名称,继而抛出悬念让学生猜测具体地点。通过咨询电话引出养狗达人小王,借助各种设疑、释疑将收养标准、费用、狗粮替换等知识点涵盖其中,拓展了书本知识,弥补了学生无法实地体验的缺憾,为其将来走上工作岗位奠定了坚实的基础(参见表2英语课程网络影视课件模板样例二)。

影视是无状态的形态,能不断激发学生的兴奋点,效率高。短时间范围内进行无痕学习,符合影视教学心理。影视片段越短,受众的物理复合使简单问题复杂化,化学复合使复杂问题简单化。

C. 情景剧策略

围绕每个单元的语法点、语言点、关键句型等教学目标编写剧本,主题紧扣时代脉搏,贴近学生生活,使学生在剧情的跌宕起伏中无意识习得语言,在破解悬念的同时再次记忆了单词、短语,在关注冲突的时候复习了关键句型。语言的记忆是需要不断反复刺激的,在影视环境下,学生无压力、无畏惧、无对比、无评价、无对错、舒适放松,只需对自己负责,通过观看扣人心弦的故事情节再次重温所学内容,不失为一种极佳的学习状态。只有在这种宽泛的英语教学环境下才能给予学生鼓励,营造良好的学习氛围,让英语学习成为生活的一部分。

经过一个单元紧张的学习之后,通过影视课件让学生在观赏情景剧的同时,把本单元的语法点、语言点、关键句型等教学目标重温一遍,那是多么舒适惬意的学习体验呀。配合高职教材《知行英语》第一册 Unit One First Day on Campus 的教学目标,笔者编制了《Encountering Failure》情景剧,围绕新生学费被骗这一突发事件,展示面对挫折时主人公自责、沮丧和自强的人物形象,以及舍友们关爱有加的浓浓情意。旨在帮助新生意识到，进入大学即意味着步入社会，自己要对自己的每一个决定、行为负责，为自己的人生负责！

网络影视课件创作需要跳出固有的思维习惯，制造正面、反面和突发性问题，应用多种反应镜头、蒙太奇进行制作。教师要知道如何设置情景、制造冲突、形成悬疑，既能让学生"掉进去"，又能将学生"拉出来"，更能从混乱的局面中提炼出问题的实质；要会将视频根据主题截成需要的故事段落，设计前后摆放次序，制造冲突和悬念，穿插解说、音乐、特效及人物介绍等。

随着科学技术的发展，学科交叉与专业渗透的现象将更加普遍。影视课件媒介看似是个体的、独立的，但教学内容是递进的、相互渗透和关联的。大力推广影视艺术和教育学科全新融合后的教学视频媒介对于构建符合学习者特征的、具有个性化的、更有效的教学模式将具有深远的意义。

②英语课程网络影视课件模板样例一

本影视课件模板样例是配合高职教材《知行英语》第一册 Unit One First Day on Campus 的教学内容编制的。

1. 课件名称：《Encountering Failure》。

2. 授课对象：高职新生。

3. 教学内容：围绕学费被骗这一突发事件，展示面对挫折时主人公自责、沮丧和自强的人物形象，以及舍友们关爱有加的浓浓情意。

4. 教学目标：复习句型结构"in case…"、单词 wonder 及委婉建议的表达方法。

5. 主要人物简介：

唐文（Tom）：北京籍学生，踏实、好学，室长。

周强（John）：贵州籍学生，性格内向，不善交际。

郎志（Lance）：福建籍学生，性格豪爽，大大咧咧。

马乐（Mathew）：山西籍学生，性格乐观，爱好广泛。

6. 教学设计：

【场景一】内景　学校宿舍——晚上

唐文、马乐和郎志三人在宿舍里，郎志在看书，马乐在随着歌声哼唱着，唐文收拾屋子的同时不时抬手看看腕上的手表（由特写蒙太奇制造悬疑）。

If you're happy and you know it, clap your hands⋯

（马乐慵懒地斜倚在被子上随着手机里的歌声哼唱着）特写镜头

Lance：Mathew?

（镜头转向正端坐在写字台前学习的郎志）

Mathew：Yeah?

Lance：I like English songs, but for the moment, could you please turn down the music? You see, I'm doing my homework.

Mathew：Oh, sure. Sorry, I was so absorbed in it.

Lance：Thanks a lot.

Mathew：That's all right.

（镜头随着二人谈话的情景在彼此之间切换）

Tom：I know how troublesome it is to put all the stuff in the right place, but Mathew, if you leave things all over the place, we'll always be tripping over them.

（镜头转向正在收拾屋子的唐文）

Mathew：I know, I know. But I don't know how to get organised.

（镜头随着谈话的情景在三人之间切换）

Tom：Well, let me help you.

Mathew: Thank you. I need some time to get adjusted to the dorm life, I guess.

Tom: Don't mention it. It's time for bed and I've'n't seen John since breakfast. Have you?

Mathew: Yeah, me too.

Lance: Oh, I heard someone phoned him at noon and he left the dorm with his bank card.（闪现　展现周强边接电话边找银行卡，然后匆忙离开宿舍的情景，制造悬疑）

Tom: He is a very punctual person who usually comes back to the dorm by 9:30p.m. but it's nearly 11:00 now.

Lance: Let me call him to make sure where he is.

（镜头转向正在拨打周强电话的郎志，电话中传出 The phone you're calling is powered off）

Mathew: Let's go out to find him together.

（镜头转向从床上一跃而下的马乐）

Tom: Let's bring the handphones with us in case he calls us.

（三人从宿舍依次走出）

【场景二】外景　校园的小路上——晚上

（北京9月中旬的校园里，暖风习习，悠闲惬意，由于夜深了，已经很少能看到学生的身影了）

Lance: Both teaching buildings and the library are closed now so where can he be?

Tom: Let's go around the campus and look for him. Does he have other friends from high school at the campus?

（通过对话提问，抛出悬念）

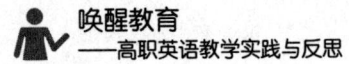

Mathew: He's quiet and shy and I seldom see him communicating with others.

Lance: Now I'm wondering who rang him this noon.

Mathew: Maybe his parents or relatives.

Tom: Why did he leave with his bank card? What will he do with the money?

（通过对话提问，抛出悬念）

Mathew: Perhaps his parents or relatives need money and asked him for help.

Lance: I remember when he gave the self-introduction in English class he said his parents are peasants and he has two younger sisters and one elder brother.

Tom: He is very frugal and often buys cheap meals. I don't think others will be asking him for help because he's only a student and he has no part-time jobs.

Lance: I think so too.

Mathew: What happened to him? Where on earth is he?

（通过对话提问，抛出悬念）

【场景三】外景　校园的操场上——晚上

（周强坐在操场的台阶上，脸色苍白，双眼紧闭，双手插在浓密的头发里，被三位室友围绕着）

Mathew: John, what's the matter with you? We've been looking for you for ages.

（通过对话提问，抛出悬念）

Lance: Why did you turn off your cell phone? We fear for your safety.

（通过对话提问，抛出悬念）

Tom: Please let us know if you are in any kind of trouble and we can face it together.

John: I'm sorry to keep you all worried. I'm too sad to speak. My families try their best to help me, but I…I…（周强的眼眶里噙满了眼泪，哽咽地说不出话来，三位室友相互交换目光，都无奈地看着周强）

（闪现 唐文的眼前突然闪过早晨新闻播报时有关大学生学费被骗的情景，难道……制造悬疑）

Tom: I saw on CCTV news that a girl died suddenly yesterday after she had been cheated out of her tuition fees. I'm sure her parents are filled with unrestrained grief now.

Lance: In the days of prosperity be joyful, but in the days of adversity be considerate.

Mathew: Both successes and failures can be lessons for us. If we learn well from them, we can enjoy success some day.

John: You guessed it. I hate them. They've conned me out of all my money. My elder brother had been working outside to earn my tuition and did not even go home for the Spring Festival this year, yet I…I…

（闪现 呈现周强离家时父母把哥哥寄来的学费转交他时的殷切目光和送别的画面）

Tom: John, isn't it better to fail now than later in life? If life cheats you, don't be disappointed and worried and believe that good times are coming.

Lance: If life gives you a lemon, turn it into lemonade. You're young and bright, and you can do part-time jobs to support yourself.

Mathew: I'm willing to lend my lucky money to you to help you through these hard times.

John: Thank you very much, but that's a lot of money.

Tom: I'm a Dorm Monitor and I must help you.

Lance: I will save my pocket money to help you.

(周强瞬间站了起来,四位来自祖国各地的学子们紧紧地拥抱在一起,周强泪水满面欢笑着)

John: To tell you the truth, I don't want to live any more before you came. My 20-year-old elder brother is the only bread- winner in my family because my parents are in poor health. I can't forgive my foolishness.

Tom: Never be sorry for what you've done and never be afraid of the future. The turning point in the process of growing up is when you discover the core of strength within you, a strength that helps you overcome all adversity.

Lance: Let's cherish the present.

Mathew: Let's share the happiness and sadness together later.

John: You're my best friends forever.

(英文歌曲 Shining Friends 缓缓响起,四位学子手牵手哼唱着返回宿舍)

A little faith

Brightens a rainy day

Life is difficult you can't go away

Don't hide yourselves in the corner

You have my place to stay

Sorrow is gonna say goodbye

Opens up You'll see the happy sunshine

Keep going on with your dream

Chasing tomorrow's sunrise

The spirit can never die…

本情景剧在剧情设计中巧妙地应用了格式塔理论，通过蒙太奇、闪现技法及人物对话等设置悬疑，制造预示信息，形成信息缺口，激发学习者的天生完形填空的心理取向，使其不由自主地置身剧中，为人物命运担忧、悲喜，直到探求到最终结果从而实现信息结构的新平衡为止。剧情选材源于生活，寓意高于生活，学生在舒适的观影环境中不知不觉既习得了语言知识，又获得了正确的人生指导，不失为最佳学习方式。

③实践反思

苏格拉底认为，一万次的灌输，不如一次真正的唤醒。教育的宗旨不只是传授和灌输某种外在的、具体的知识或技能，更是要从心灵深处唤醒受教育者沉睡的自我意识、生命意识，促使他们价值观、生命感、创造力的觉醒，以实现自我生命意义自由、自觉地建构。教育的过程也不仅是要从外部解放学生，更是要唤醒受教育者内在的心灵能量与人格理想，解放学生的智慧，发掘学生的潜能，激发学生的生命创造力。教育是一个灵魂唤醒另一个灵魂，是一颗心灵感召另一颗心灵，是一个生命点燃另一个生命的力量，是人类集体心灵神秘参与的智慧活动。教育要下唤醒的功夫，而不是强行地灌输知识。

影视教学课件的使用既能用艺术刺激教学，激发教学兴奋点，使内容复杂度降低，内容移情提升，使学生身临其境，产生情感共鸣，又能提高教学效率优化教学效果；既能利用影视视频直接创造异国场景，展示视觉感官直接的感受，又能使学生被肯定环境包围，让学生在鼓励的情绪下进行学习，不断使学生的成就感得到满足；更重要的是，影视课件集教育、影视、游戏于一体的形态符合当前高职生的认知特点，因此，影视教学课件应用于英语教学中是切实可行的。

英语课程网络影视课件模板样例二（表2）

知识点 章/节	会话内容	预计时长	素材	情景设计
1.1 宠物寄养	（phone rings） Receptionist: Pet Home! May I help you? Peter: I want to board my dog. Is it ok? Receptionist: Sure. Has he been vaccinated before? Peter: Yes, he has. Receptionist: We offer a free washing for a seven-day boarding and we offer discount for a month boarding. The boarding service includes ear cleaning, eyes cleaning and hair combing. How long will he stay here? Peter: For two months. I'm coming soon. Receptionist: Ok. See you later. Female assistant: Morning, Sir. Is it a dog or a cat? Is it a boy or a girl? Peter: Good morning! It is a dog and it is a boy. Female assistant: He is strong. I will give him a general check and it will take some time to finish this. My colleague will show you around the center if you like. Peter: Ok, thank you.	10–15 分钟	1. 设计接待员（卡通女）在公司里接Peter（卡通男）电话的画面。 2. Peter抱着一条狗走过来，女助理在宠物医院门口迎接Peter，并与其交谈，带领Peter走进检查室。	情景一：Peter will go abroad on business. Now he is calling the pet clinic to ask for help. 情景二：Does Pet Home meet Peter's needs? Let's see…

续 表

知识点章/节	会话内容	预计时长	素 材	情景设计
	Male assistant: The environment here is nice. Let me show you around. This is Hairdressing Department and this is Pets' Entertainment Park. Our environment for pet-sitting has got greatly improved recently which is not only clean but comfortable. We offer cushions, cotes and toys for the pets as well. You could also choose to use the commodities of his own. We have specialized staff taking care of the pets every day. Moreover, we have qualified veterinarians and advanced facilities in case there is anything wrong with your pet. Please set your heart at rest. These are the pets boarded here. Peter: Thank you. I believe it is a desirable choice.		3. 男助理领着 Peter 参观美容科、宠物娱乐公园并观看寄养的各类动物。画面中的 Peter 和男助理是移动着的，比较真实。出现画泡，提供对话原文。 备注： 1. 影视剧中共有五个人物，除微课作者本人外，其它均为卡通人物：接待员（女孩）、Peter（中年人）、男助手（戴眼镜）、女助手（中年女人）。一条卡通狗。 2. 画面背景有轻音乐。 3. 需要插入美容科、宠物娱乐公园及寄养的各类动物的画面。	

续 表

知识点章/节	会话内容	预计时长	素 材	情景设计
1.2 宠物食品介绍	Female assistant: There's something wrong with your dog's ears and I advise you to change the dog's food. What is the brand of his food? Peter: Brand X. Female assistant: Oh, I see. Shall I advise you to try this brand? He might love it which is the newest one now. Peter: Ok, I will take it. By the way, how often should I rotate foods? Female assistant: Minimally, at least every three months. But you can change more frequently than that. If your dog does not suffer from digestive upsets when his food is changed, then you might even consider changing foods every time the bag runs out. Peter: How many different foods do I need? Can I use a food again? Female assistant: At least three or four different foods, that is, different main meat source and different main ingredients. More is better. You can certainly reuse a good food though, especially if your dog does particularly well on it. Peter: Do I need to change the food gradually? Female assistant: It is usually wise to change it gradually. Peter: Are there any other benefits to changing foods?		4. 男助理领 Peter 返回检查室。 备注： 1. 插入女助手手拿狗粮的画面。	情景三：Can you guess what's wrong with Peter's dog? What advice does the vet give Peter?

续 表

知识点 章/节	会话内容	预计时长	素 材	情景设计
	Female assistant: Yes! Changing foods every so often means that you keep yourself aware of what is available. Dog food is not a static science and it is very pleasing to be able to note that constant improvements are being made. Foods that may have once been among the best available are constantly being surpassed. I fully expect the foods I currently recommend here to be surpassed or improved in the coming years. This is good news for you and your dog. Don't fall into the trap of assuming that what is the best available now will always be the best you can get. It won't be or at least, I sincerely hope that it won't be. Peter: Thank you very much. Female assistant: If you decide to board your dog here, please pay your money at the front desk. Peter: Okay, thank you.			
1.3 前台登记	Receptionist: Hello, Sir. Will you board your dog here? Peter: Sure. Receptionist: Please fill out this boarding form for us to create a file for him. This is for the convenience of accommodating him better later. You may leave us some personal information so that we can inform you of his state by telephone, a short message or e-mail. Peter: Ok, no problem.		Peter 来到前台，填表，音乐响起，影视剧结束。	情景四：Does Peter board his dog at Pet Home at last? It's magical to see.

④**影视课件的实证应用研究**

教学成效在本研究中是指教师的教学效率和效果；学生学习的效率、效果或成绩。

A. 研究程序

表3 研究的教学设计表

组别	教师	师资	学生	教材	评测标准	素质能力	教法	课件使用次数	课时数
实验	张晓青	经验丰富A班老师水平相近	分级考试分到A班水平相近	知行英语第1--2册	学期总评成绩+A、B级全国语言应用能力考试成绩	英语才艺（演讲、唱歌、配音、话剧、主持人等）	传统教法+影视课件	每学期10次，共计20次	120学时
实验	陈静								
对照	张晓青						传统教法	0次	
对照	陈静								

B. 研究对象

本研究对象为北京农业职业学院非英语专业一年级学生。其中实验组71人和对照组73人全部参加过效度和信度可靠的英语入学分级测试，被分在A班，其英语水平相近。

实验前，采用课题组前测问卷对实验组和对照组学生的基本情况、电脑和网络的使用等情况进行了数据收集和分析。有效问卷中的85名新生高考英语成绩平均分为77.57分。其中60.5%从初中开始学习英语，57.6%从小学开始学习英语。这些学生很少借助网络资源学习英语（86.65%）、很少通过网络与教师或同学交流（77.1%），93%使用QQ群、95%使用微信，且能比较熟练地使用Word，Excel和Power point等功能。这些学生对应用影视课件进行英语教学比较感兴趣、愿意试用影视课件（前测题项29，M= 3.6583，SD=0.96873），并且相信影视课件能帮助其提高英语成绩（前测题项20，M=3.5167，SD=0.91748）。以上条件使得应用影视课件进行英语教学成为可能。

C. 研究方法

通过问卷调查、个案研究、访谈、日志和行动研究，进行定量和定性分析研究。

D. 技术路线

a. 计算机软件运用：使用Excel和SPSS22软件对定期收集的各类数据进行及时统计分析和总结；

b. 教学环境：2间40座多媒体网络语音教室；

c. 教学模式：传统英语课堂教学＋网络影视课件学习相结合。

E. 研究发现

a. 应用影视课件前，学生语言综合能力弱，尤其表现在听、说方面。

b. 应用影视课件前，学生课堂表现一般为记笔记、听老师满堂灌、或手机聊天、或睡觉。

c. 应用影视课件后，该教学策略对学生产生了积极的正面影响。学生的课堂参与度增高，语言综合能力提升，对自己有了更高的要求。

d. 学生对把影视课件应用到英语教学给予了较高评价，希望把这一教学手段推广到其它学科。

e. 影视课件的应用使学生的表现力增强，有同学在英语演讲、英语电影配音、英语歌曲和英语短剧比赛中获奖。

f. 影视课件的应用，使英语教学成效有了一定的提高。张老师实验组同学在第一学期B级全国统考中通过率为100%，而对照组仅为88.9%；第二学期实验组同学A级通过率为91.4%，而对照组仅为72.2%。陈老师实验组同学在第一学期B级全国统考中通过率为94.4%，而对照组仅为86.4%；第二学期实验组同学A级通过率为91.8%，而对照组仅为70.3%。

实验后，采用课题组后测问卷对实验组学生进行了数据收集和分析。影视课件的应用对学生的自主学习能力产生了正面的影响，通过近一年的实验，学生的自主学习能力得到了提高，能够按计划自主学习，83.7%的学生完成影视课件作业后网上提交老师批改。实验组学生81.7%变得喜欢在课堂上与同学和老师一起互动完成教学任务了，参与活动的次数明显增多了（83.3%），对英语学习的信心增强了（86.7%），更喜欢学习英语了（80.7%），90.3%的学生喜欢使用影视课件学习了。

综上所述，"互联网+"环境下，影视课件作为一种新型的教学手段对于突破传统教法弊端，扭转时下学生厌学的普遍现象有其独到之处，值得推广。

3.2 英语影视教学

影视文化是人类文化重要的组成部分。影视集文学、戏剧、音乐、舞蹈等艺术精华于一体，具有很强的综合性，它以数小时或数分钟的时间对时空压缩，呈现一种情景，是用现代的科技技术完成对经典问题的传承和新解。电影作为一种艺术形式，之所以受到一代又一代人的推崇，其根本原因在于它的某个观点使受众发生了内省、产生了心灵震撼。影视类素材课件创作的终极目标是希望可以触动学习者内心产生共情共鸣，寻求一种人与人之间契合。传统教育是要手把手地教你怎么干，而电影是要通过悬念设置、视点选择、蒙太奇和闪现等影视技法，告诉你我经历了什么，吃什么亏了，有什么经验和感悟，而不是教你什么知识或告你知识是什么，是让你自己领悟应该怎么做，这正是影视教学的主旨。世界教科文组织2014年对学习的定义为："个人通过经历、实践、探究、听讲而在信息、知识、理解力、态度、价值观、技能、胜任力或者行为方面的获取或改变"。该定义与影视教学理念不谋而合，影视教学强调的即是在个人经历以及实践和探究背景下的学习过程。

3.2.1 影视教育理论发展历程

电影教育期、"美学概念"期、影视与教育整合期、多元化期是影视教育理论的四个历史发展阶段。

（1）1920—1950年的电影教育期

法国是欧洲电影教育发展史上名副其实的第一领军人物。在20世纪20年代，巴黎就掀起了电影俱乐部运动，明确提出电影教育目标，并于1922年召开了首届全国电影教育会议。拥有几十年电影教育发展史的英国在欧洲电影教育运动中的地位也不可小觑，尤以1933年成立的英国电影协会为其突出标志。

（2）1950—1970年的"美学概念"期

20世纪50—60年代，法国在世界范围的电影教育领域中仍然保持着领头羊地位，并于1952年开始陆续在全国开设了大量培训教师的视听教育课程。英国于1950年首次提出"屏幕教育"概念，电影电视社会教育组织随之诞生。

（3）1970—1990年的影视与教育整合期

拉斯韦尔和麦克卢汉的大众传播思想在20世纪70—80年代期间

极具影响力，影视教育借鉴了诸多传播效果论从而得以快速发展。根据大众传播思想观点，在电子媒介的发展下，信息传播瞬息万里，时间差异和空间距离都不复存在，全球将实现一体化。法国政府从1979年便已开始大力扶持影视教育。

(4) 1990年至今的多元化时期

1990年后，英国和法国仍然领跑欧洲影视教育领域，一系列关于法国经验总结的基础性研究成果相继问世，媒介和信息通信技术被认为可以融合到任何一门学科教育中。

始于2001年的信息技术与具体学科的应用研究基本上呈缓慢上升趋势。由于经济、文化、体制等原因，从研究成果的性质、数量、质量和发布时间的分布情况来看，中国国内影视教育的研究开展较晚，现有研究对教育模式、教学实践、受众人群需要等方面鲜有论及，除少数篇目外，有深度的分析性或综合性的研究成果并不多见，水平整体偏低。

3.2.2 影视教学架构下学习者心理分析

在影视教学架构下，学习者的接受心理受到社会时代心理因素、审美体验心理因素、知识积累和艺术修养心理因素、个性和气质心理因素及潜意识心理因素的影响。

(1) 社会时代心理因素

如今的学生都是"数字土著"，影视和网络文化在其生活和成长的过程中留下了深深的烙印，这些"数字土著"对于影视教学的心理接受程度受个体的历史差异因素和群体的时代差异因素影响。以前的课程运用简单化和程式化的视听语言即可令学习者接受，学生大多从认知和教化的角度接受其认识意义和教育意义,而今的学习者则更喜欢富于挑战性的不平衡构图和闪来闪去的蒙太奇,更多地从审美欣赏或娱乐的角度接受其审美价值和娱乐价值,这些都是社会时代因素对学习者接受心理影响的重要标志。

(2) 审美体验心理因素

美育是培养人认识美、体验美、感受美、欣赏美和创造美的能力,形成审美素养的过程。审美体验是指学习者在长期的学习过程中对各种课程的结构、类型、风格、画面等方面的经验积累。影视审美心理包含感知、注意、联想、想象、情感、理解等基本因素,这些因素以情感为中介形成有机统一,彼此交织、相互作用,最终形成一种动态的影视审美心理结构,是在感性形式中积淀着理性认识内容。这些审美体验,会随着时间的推移和学习者学习课程的多少而不断积累和变化,而且会潜移默化地影响学生之后的选择和学习经历。影视是门心理艺术,影视作品和受众心理相互作用、相互影响、相互制约的微妙关系,是影视这种艺术形式受到一代又一代受众喜欢并不断发展、创新、并得以传承的根本原因。

(3) 知识积累和艺术修养心理因素

有句老话说得好:知道的越多,看到的就越多。面对同样的影视课程,不同的学习者对课程的理解和汲取的知识是不一样的,这取决于学生以前曾经知道什么,有多高的知识水平和艺术修养。

(4) 个性和气质心理因素

学习是主体的自发行为,是主体的切身体验,学生的审美体验也会受到各种因素制约。瑞士心理学家布洛根据人对颜色产生的不同心理反应，把人的个性倾向分为客观类、生理类、联想类和性格类。布洛认为，客观类者对颜色只作出客观反应；生理类者则更关注颜色造成的生理感觉；联想类者会由不同颜色产生各异的想象，性格类者则认为颜色是有个性的。

(5) **潜意识心理因素**

影视教学为学习者呈现的是一种虚拟情境，有助于学习者在深层心理中存在着的"许多本能学习需要"和"求知欲望"得以释放和满足。学生学习影视课程的原动力，存在于无意识领域之中。

3.2.3 《英文经典影视赏析》选修课教学模式探究

不同的经历产生不同的大脑认知结构。当今的高职生，由于其生活环境和生活方式（数字化世界）的不同，他们的思维模式已经发生根本的改变，他们是"数字土著"的一代，而我们这些教育者则是"数字移民"。当今，教育面临的一个最大的问题是：我们这些作为"数字移民"的教育者，说着过时的语言（前数字化时代语言），正在吃力地教着说着一种全新语言的"数字土著"们——他们的大脑对信息进行重组、过滤，记忆的内容比过去少，因此，如果想要抓住这些精力旺盛的"数字土著"人的注意力，教师应改革教育方法与内容，必须学会用学生的语言和方式与之交流。基于上述思想，笔者尝试将教育技术与《英文经典影视赏析》选修课有效结合，努力培养兴趣丰富、人格完整、头脑健全的通识公民、思辨型公民。

(1) **教育技术应用于《英文经典影视赏析》选修课的理论依据**

奥苏贝尔的意义学习理论是教育技术应用于《英文经典影视赏析》选修课的最重要的理论依据之一。先行组织者教学策略是奥苏贝尔的意义学习理论的一个重要组成部分。奥苏贝尔区分四种不同类型的学习：机械学习与有意义学习、接受学习和发现学习，而有意义地接受学习是他所主张的主要学习形式。他特别强调个体的认知结构对学习的重要影响，而先行组织者是改进认知结构和促进新知识保持的主要手段。所谓先行组织者是指安排在学习任务之前呈现给学习者的引导性材料，它比学习任务具有更高一层的抽象性和包摄性。提供先行组织者的目的就在于用先前学过的材料去解释、整合和联系当前学习任务中的材料（并帮助学习者区分新材料和以前学过的材料）。

当代教育界普遍认为教育技术的应用对语言学习有突出贡献。现代教育技术对在教学中为学习者安排先行组织者这一策略提供了更为方便的途径。同时为"支架式教学"、"情景教学"和"探究学习"等提供了强大的技术支持。

《大学英语教学大纲》明确指出"录音、录像、电视、计算机等现代教学手段，对提高英语教学质量作用显著，应大力推广，充分利用"。故此，教育技术应用于《英文经典影视赏析》选修课教学，既是为了顺应英语课改的大势，又能以学生发展为本，充分考虑不同学生的能力倾向和兴趣特点，值得探究。

（2）现代教育技术与"数字土著"认知特点的对接

在日常的英语教学中，常用的现代教育技术媒体有：录音机、影碟机、录像、语音室、幻灯机、投影机、电视机、计算机等。依据《英文经典影视赏析》选修课教学要求，教师通过简易的操作，把以光盘、磁盘等为载体的图像、动画、书写、应用等语言教学的信息调出，使之在不同的界面上流通，吸引学生参与学习，从而英语教学将在图文并茂、色彩纷呈、形象逼真、情趣盎然的多媒体图文影像环境中进行，高职生思维跳跃性大，感性思维为主，利用现代教育技术教学较好的遵循了高职生的认知规律，使学生由被动地接受转为主动地参与，从而更快捷，更有效地完成教学任务，全面提高了教学质量。实验心理学家赤瑞特拉(Treicher)做过两个著名的心理实验，一个是关于人类获取信息主要通过哪些途径，另一个是关于记忆持久性的。前者实验表明：人类获取的信息83%通过视觉，11%通过听觉，这两个加起来就有94%。还有3.5%通过嗅觉，1.5%通过触觉，1%通过味觉。这种通过多种感官的刺激所获取的信息量比单一地听老师讲课所获得的要多得多。后者实验表明：人们一般能记住自己阅读内容的10%，自己听到内容的20%，自己看到内容的30%，自己听到和看到内容的50%，在交流过程中自己所说内容的70%。这就是说，如果既能听到又能看到，再通过讨论、交流用自己的语言表达出来，知识的保持将大大优于传统教学的效果。这说明，教育技术应用于英语教学过程不仅非常有利于知识的获取，而且有利于知识的保持。教育技术应用于《英文经典影视赏析》选修课贴近高职生的认知特点，利于知识的获取和保持。

(3)教育技术在《英文经典影视赏析》选修课中的应用

《英文经典影视赏析》选修课教学过程由五个步骤组成：导入部分(Leading In)，重点情节串讲(Plots)，提出问题(Questions)，影片播放(Films)，影片总结(Summary)，问题讲解(Answers)，简称LPQFSA教学模式。

第一步，搭脚手架——教师通过PPT展示Leading In和Plots部分。Leading In部分内容包括：①电影背景介绍，包括上映年份，获奖情况，主要演员等；②影片主要人物通过从剧中截图并配英文名字加以展示；③经典台词：从影片中截图或截屏加以展示。引导学生浏览相应教材上的生词表。Plots部分内容包括：①对影片情节进行分层；②通过图、表等多种形式对相应情节中的人物关系及故事脉络进行归纳总结；③相应截图或截屏。

此部分的教学实施集中体现了支架式教学理念，即"支架式教学应当为学习者建构对知识的理解提供一种概念框架。这种框架中的概念是为发展学习者对问题的进一步理解所需要的，为此，事先要把复杂的学习任务加以分解，以便于把学习者的理解逐步引向深入。支架式教学法是基于建构主义学习理论提出的一种以学习者为中心，以培养学生的问题解决能力和自主学习能力为目标的教学法。该教学法是指一步一步地为学生的学习提供适当的、小步调的线索或提示（支架），让学生通过这些支架一步一步地攀升，逐渐发现和解决学习中的问题，掌握所要学习的知识，提高问题解决能力，成长为一个独立的学习者。"

第二步，进入情境——鼓励学生提出与影片相关的问题，教师可以选择有意义的问题进行回答，以便他们能更好地理解影片并通过PPT给学生布置3个至5个思考问题，要求他们带着问题观看影片。

此部分的教学实施集中体现了情景教学理念，即主要是某种富有感情色彩的活动而产生的一种特有的心理氛围，就是以生动形象的情境激起学生学习情绪为手段的一种教学方法。它有助于充分调动学生的学习积极性，促进他们自主学习和探究的能力，进一步达到教与学的和谐统一。

第三步，独立探索——鉴于《英文经典影视赏析》选修课课时少，教学任务重，抽出大量的课堂时间来看电影不现实，而且从输入量看，不间断播放几个课时也不符合适量的原则，所以高职生利用业余时间通过电脑、IPad 等各种途径自主学习成为一种必然。

此部分的教学实施集中体现了探究学习理念，即在学生主动参与的前提下，根据自己的猜想或假设，在科学理论指导下，运用科学的方法对问题进行研究，在研究过程中获得创新实践能力、获得思维发展，自主构建知识体系的一种学习方式。建构主义理论告诉我们，知识是学生自主建构的，不是老师教给的，通过自己的探究与实践构建自身知识体系符合高职生的认知发展规律。

第四步，个人展示——经过小组协商、讨论后，教师请几位同学概括影片主要内容，以点带面促进同伴间的协作和竞争。学生在共享集体思维成果的基础上达到对当前所学内容比较全面、正确的理解，即最终完成对所学知识的意义建构。然后教师通过 PPT 展示 Summary 部分，对影片中心思想进行概括总结。

第五步，教师答疑——收取学生作业后，教师通过 PPT 展示 Questions 部分内容，即根据影片内容所提问题及相对应的英文答案和截取的影片支撑片段。通过此部分的讲解和展示截取的影片片段，使学生对一些关键或困惑的影片内容加深理解，升华影片的主题思想。

（4）教育技术在《英文经典影视赏析》选修课中的作用

教育技术应用于《英文经典影视赏析》选修课中的益处是显而易见的，总结起来主要有以下几点：

①教育技术应用于《英文经典影视赏析》选修课，有利于激发学生的学习兴趣，刺激学生的思维，让高职生一节课有多个兴奋点；使教材和媒体之间优势互补。

②影视片信息量大且速度快的优势，可帮助教师传递大量的信

息、吸引"数字土著"的眼球。

③教育技术的运用，可使课堂教学容量相对增大。它集文字、声音、图像和动画于一体，生动直观，还能创设教材难以提供的情境，能改善教学环境，优化教学结构。

④教育技术应用于《英文经典影视赏析》选修课，有利于启迪学生的心灵。通过分析片中人物和故事情节，因势利导帮助学生明事理辨美丑，指导学生树立正确的人生观、世界观、价值观，帮助学生成为德才兼备、思想先进、具有责任感的人才。

⑤教育技术应用于《英文经典影视赏析》选修课，有利于学生综合素质的提升，即有助于帮助学生实现语言能力和思想素质双丰收。

认知方式没有优劣好坏之分，任何一种认知方式都有其优势、长处，也存在劣势、不足，既有利于学习的一面，也有阻碍学习的一面。教育的最终目的就是要发挥其所长，弥补其不足。虽然教育技术应用于《英文经典影视赏析》选修课很好地弥补了传统英语教学的缺陷，可极大地提高教学效率和教学质量，对于培养学生的听、说、读、写能力有着积极的作用，但其实践教学时间短、经验还不足，很多方面还有待探索和实践，只能作为英语课堂教学的有益补充。

（5）实践反思

汤普金斯的《沮丧者教育学》中讲到，"直白地说：作为一个教师，她的困扰在于没能帮助学生学习他们想要了解和需要了解的东西。"尽管汤普金斯说的很露骨，但是这的确是现阶段高职英语教学的现状，即便不是，也是从教者某一个时间段内存在的状态。

部分高职学生因为价值观缺陷导致了心理障碍——他们不知道为什么活着，活着的价值和意义是什么，为怎样的生活而奋斗。他们主体意识淡薄，迷茫无助，放任自流，鲜有追求。上述种种情况与高职近几年的扩招，功利主义和数据导向的考核以及师生关系的淡漠等问题不无关系。作为教师，我们不一定有能力改变整个教育生态，但是我们可以尽己所能打造一个小的"试验田"，用爱心、耐心和信心帮学生尽可能获得一些分数之外的东西，帮助每个年轻人找到自己独特的路，让他们不彷徨或者不太彷徨，使他们的"空心病"、"生活无意义感"，在老师的和风细雨中慢慢自愈。雅斯贝斯在《什么是教育》一书中说，教育活动关注的是人的潜力如何最大限度地调动起来并加以实现，以及人的内部灵性与可能性如何充分生成，换言之，教育是人的灵魂的教育，而非知识和认知的堆积。

3.2.2 英文经典影视赏析选修课教法新探

高职生与其他高校的学生相比，英语基础差，学习动力不足，所以，如何提高学生学习英语的兴趣，对于高职英语教师而言是研究的重中之重。作为一种声像完美结合的艺术表现形式，英文影片材料的多变性和多元化的影视技术因素，不仅可以让学生享受视觉带来的冲击，而且还可以减轻学习英语的焦虑感，并在相对轻松的环境中保持长久的学习热情。因此，以学生发展为本，充分考虑不同学生的能力倾向和兴趣特点创新英文影片赏析课教法，作为高职英语综合课程的必要补充是高职英语目前改革的必然趋势，极具研究价值。

（1）英文影片赏析课程教学现状

英文影片赏析课的教学探讨进入研究领域的时间并不长，绝大多数关于这门课程的论文都是在2005年之后发表的。大家对这门课在提高学生听说能力方面的积极作用表示肯定，也纷纷提出了各自的教学方法。笔者关注并总结了近几年中国国内相关研究论文所列举的教学方法，有听力练习、角色扮演、语音模仿、片段学习、背景介绍、文化知识介绍、回答问题、词汇句型学习和写作练习等，发现这些教学研究和实践主要集中在本科院校的英语专业或非英语专业之间，高职院校鲜有人论及。

笔者所承担的《英文经典影视赏析》课，作为一门全校公共任选课已有八载，受益学生总数高达4,000余人，颇受学生欢迎。在教学实践中，笔者不断创新课程内容和教学方式，在提升学生听、说、读、写、译能力等方面获得了良好的教学效果，使本门课程逐渐成为常规课本教学拾遗补缺的重要延伸。然而在"互联网+"时代下，传统教学理念、思维和模式已无法有效激发学生的学习兴趣，鉴于此，如何应用教育技术进行优化？面对280人的课堂如何进行有效教学、管理、互动、评价？笔者所在院校开设的《经典英文影视赏析》选修课总学时仅有24课时，那么如何在这12次讲授过程中让学生多涉猎影片？如何突出教学目标？如何使学生学有所获而不仅仅是轻松娱乐？对于这些问题的把控直接决定了该门课程的成功与否。在累积了大量实战经验和丰富的教学资源的基础上，笔者意欲进行该课程的教法创新探究，以期探索出一条师生互动、生生互动，教学相长、师生共赢的路径。

（2）基于蓝墨云班课的混合式教学模式

混合式学习的实质是面授和在线学习的有机统一，即把传统学习方式和在线学习途径相结合，既要发挥教师引导、启发、监管教学过程的主导作用，又要充分体现学生作为学习过程主体的主动性、积极性与创造性。其效果和效率远胜于单一的面对面教学或纯粹的网上学习，符合高职生现阶段的认知特点，对于改善英语水平良莠不齐、厌学弃学的"数字土著"们的学习现状有着重要影响和意义。

众所周知，大部分高职生都是"手机控"，调查表明，其在校时间的70%是用来聊天、玩游戏、看网络影视的，于是出现了"教师与手机争夺课堂"的怪相。笔者认为，与其"堵"不如"疏"，将学生手机转换为学习工具，而不只用于社交、娱乐，这将不失为一种明智之举。笔者在《英文经典影视赏析》选修课的讲授中，采用蓝墨云班课进行课程管理与教学，使280名学生签到、课堂抢答、小组合作、讨论答疑、布置作业、资料发布、随堂测试、师生和生生间互动得以实现，提升了教师与学生的沟通和互动效率，使移动学习、泛在学习相结合，实现了混合学习的及时性与同步性，使教、学更轻松、自由、有趣。

蓝墨云班课是一款移动教学app，在任何普通教室的课堂现场或课外，学生都可以通过手机随即开展投票问卷、头脑风暴等互动教学活动，即刻反馈，即刻点评，充分体验互动教学的云服务平台新感觉，激发自主学习兴趣，使课堂教学与课下学习紧密地衔接起来；该应用可以实现对每位学生学习进度跟踪和学习成效评价，教师在学期末可以得到每位学生的学习评估报告；教师可以管理学生、发送通知、分享资源、布置批改作业、组织讨论答疑等。

笔者首先在手机上和PC端下载、安装蓝墨云班课应用并创建自己的班课，然后将应用自动生成的班课邀请码告知学生，学生也在手机上下载并安装蓝墨云班课应用，注册账号并加入班课。

《英文经典影视赏析》选修课上常用功能：

① "签到"功能

课前，利用蓝墨云的"图案签到"功能，进行限时签到。这一过程可以通过将手机和投影同屏应用投影在大屏幕上生动地展现出来。

这种方式既新颖又精准，使280人的课堂签到瞬间完成，呈现了"互联网+"时代下课堂管理的新风貌，取得了传统管理方法无法比拟的效果，使学生振奋，增加了课堂的趣味性。

②"预习"功能

老师可上传PPT、视频、音频等学习资料到"蓝墨云"中的"资源"部分，要求学生进行预习，并通过查看参与者的经验值直观地判断全班的参与度，极其便捷和省时，而传统教学中想要查阅280人的预习完成情况谈何容易?! 教师需要付出多少时间和精力?! 通过完成老师布置的任务可即时获取经验值，这种快乐的体验会使学生学习兴趣盎然，远非传统教学中枯燥的学习所带来的索然无味。

③"课堂表现"功能

通过蓝墨云班课中"课堂表现"功能，采用"摇一摇"和"手动选择"两种方式可以从班课成员中选取1人至9人参与问答、表演、对话等课堂现场活动，并根据其表现进行评分。课堂回答问题环节中，通过"摇一摇"的方式随机选择一位学生时，全班同学拭目以待，神秘感爆棚，而被选中的同学就像中了头彩一样，如果回答正确还能获得经验值，既增加了学生的自信心，又增添了课堂活力，教学效果独树一帜。

④"课堂诊断"功能

想要了解280名学生对于影片内容知识的掌握情况，可以利用班课"投票/问卷"功能进行"课堂诊断"。如设置"请给出三部同类影片的名字"、"对该部影片进行评价"、"从这部影片你学到了什么"等问题，根据学生所选答案，老师可以直观地看到学生的实际掌握情况。如"对英文影片赏析课的评价"，学生的投票结果是：A. 很难，无法掌握0%；B. 非常容易，已经完全掌握9%；C. 内容已经掌握，语言尚需通过反复观看才能掌握73%；D. 内容和语言都有待提高18%。根据统计数据可以看出，通过影片进行语言教学的方法切实可行，学生对影片内容掌握尚可，而对语言的吸纳却有待长期不懈地努力和坚持，这就要求教师对于所选影片的语言难易程度要有效把控，继而为后续的教学指明改进方向。

⑤"课堂测试"功能

课前可在PC端的试题模板中录入题目，建议设置为乱序，这样虽然学生们所做试题内容一样，但由于题目顺序不同而便于独立完成，然后导入蓝墨云班课中。通过课堂测试可及时看到学生们的用时、得分和基于得分的排名情况。点击"分析"，可以查看全班成绩分布示意图和各题的正确率，有助于从宏观和微观层面了解全班学习情况；点击正确率低的题目，能够显示正确答案和错误答案的选项分布情况，便于教师集中火力有针对性地进行教学。随堂测试有助于学生明确学习重点，及时巩固知识，检测自己掌握的情况；就教师而言，省时省力，既能把握整体学习情况，又明确具体问题所在，值得推广。

⑥"互动"功能

可以利用班课中"答疑／讨论"和"头脑风暴"方式激活课堂，进行互动，对于表现好的同学，教师可以奖励其经验值。

（3）短剧创作

①一方面，教师可依据《影视课程编导学理论》为理论基础，以影视课件为载体，借助教育技术对英文影片进行合理剪辑，通过蒙太奇等影视语言加以描述、连接，组合成具有一定思想、主题的新篇章。例如事业、爱情、婚姻、人生等主题，都是时下高职生关注而

又认知模糊不清的区域，如果教师从这些敏感的话题入手，截取不同影片作为佐证材料，辅以正确的思想理论作为指导，定会吸引学生的眼球，在增强其语言能力的同时，以一种润物细无声的方式起到了人文教育作用，这岂不是"师者，传道、授业、解惑也"的完美诠释?!

为了帮助学生们了解职场竞争的残酷性，劝诫学生们端正求职态度，把找工作本身当成一种工作，告知学生们跳槽前应做的积极准备及面试的重要性和注意事项，笔者制作了时长约16分钟的影视课件，其中包括教师8分钟的讲解，以及从《博物馆惊魂夜》、《时尚女魔头》和《当幸福来敲门》三部英文影片中截取的约8分钟的三个面试片段。课件的整体编排思路是理论联系实际，这样通俗易懂更具实践意义。（后附影视课程编写脚本样例）

"互联网+"时代下，信息技术的发展为教育教学改革提供了新的舞台，影视艺术和教育学科全新融合后的教学视频媒介对于扭转当下教师思维僵化、教学形式单一、学生厌学、畏学等现象极具现实意义。用艺术使教学内容复杂度降低，内容移情提升，既可弥补学生直接经验的不足，激发教学兴奋点，又能使学生身临其境，产生情感共鸣，提高教学效率优化教学效果。

②另一方面，教师要善于发掘学生的无限潜力，鼓励他们拓宽知识面，学习电影理论，创作脚本，广泛涉猎影片，增强文学、音乐修养，参加表演，拍摄短剧，力图通过"学中做、做中学"，对《英文经典影视赏析》这门选修课程进行行动导向的教学设计，探索出一条师生互动、生生互动、教学相长、师生共赢的路径。每次选修课结业时，笔者总能收到几个无论从构思、音效、表演、剪辑和主题都堪称一流的作品。

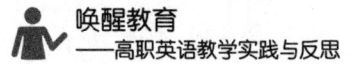

（4）实践反思

笔者认为，帮助学生拓宽视野，让他们多接触自然界的万事万物，让他们多看经典影片，多读名著等等，都是唤醒他们心智的重要方法。一旦学生的心智被唤醒了，他们就会留心观察周围的世界，探究其中的奥秘，并思考怎样与世界发生联系，如何处理纷杂的关系，在这个探索的过程中，他们自然会得到成长力量，并一定能找到自己生命的意义与方向。

综上所述，将蓝墨云班课应用于《英文经典影视赏析》选修课的实际教学中，既优化了课堂活动，增加了师生、生生线上线下的交流互动和资源共享，又充分发挥网络优势使其与传统的面对面教学融为一体，很好地弥补了传统教学在课时不足、管理涣散、互动有限、评价不及时等方面的欠缺之处，大大激发了学生的学习兴趣，增强了他们的自信心，提升了自主学习能力，提高了学习成效。短剧创作既能使教师革新教育理念，大胆创新，大大提高教育教学成效，又能鼓励学生"学中做、做中学"，既增强了他们的动手能力，又激发了他们的自主学习兴趣，充分调动了学生的积极性。

（5）《英语求职面试决胜策略》分镜头脚本（表4）

地点：英语教师工作室

人物：张老师、周老师

场景设计：整体感觉像是一个英语角，背景是一个书架，墙上可悬挂钟表、油画等装饰物，前景放置两张沙发或两把椅子（两位老师就坐），一个小圆桌，桌上放置咖啡杯、盆栽或其他装饰物。烘托出简洁、轻松、舒适的谈话环境。

片　段	解说词	镜　头	动作设计
一：1 min 两位老师分别做自我介绍，并介绍课程内容 1号机位张老师近景 2号机位周老师近景 3号机位小全景	张老师：同学们好，我是……（老师自我介绍的语言自行设计）今天由我和周老师一起来和大家进行"How to Get the Job You Want"这个单元的学习。	1号机位切 3号机位	张老师讲完此段后伸手示意周老师做自我介绍。
	周老师：大家好，我是……（老师自我介绍的语言自行设计）	2号机位	请两位老师面带微笑。
	张老师：英语求职面试现在对高职生来说是经常会遇到的情况，希望通过本单元的学习，能够帮助同学们在求职面试中顺利胜出。	3号机位切 1号机位	两位老师有眼神上的交流
	周老师：这一单元分四次课程讲解，我们先来介绍英语求职面试时都有哪些注意事项。那张老师在这方面有什么建议想要跟同学们分享呢？	2号机位切 3号机位	周老师讲完此段后伸手示意张老师做课程内容综述
二：30s 两位老师就"自我分析能力"展开讨论，引出电影片段举例	张老师：我认为若想顺利胜出，除了英语表述流利外，具有自我分析能力、职业信息收集与分析能力、求职匹配能力、求职策略能力等都至关重要。	1号机位	
	周老师：我想您所说的自我分析能力是指要对自己进行深入地分析，把握自己的求职动机与求职期望，分析自己到底想从工作中得到什么，是为了生存自我、发展自我，还是为了挑战自我、实现自我？这使我想起前几天看的一部叫《博物馆惊魂夜》英文片中的求职场面	2号机位切 3号机位	

续表

片 段	解说词	镜 头	动作设计
三：3 min 电影《博物馆惊魂夜》男主角 Daley（达利）去中介公司面试的片段	【画外音】达利生活似乎不太顺利：经常换工作，居无定所；妻子与他离婚，找了一个证券经纪人，即将再婚；他在儿子心目中的地位也岌岌可危。达利为了挽救自己的生活，也为了争取到儿子的抚养权，他不得不放弃"做大事"的梦想，成为了纽约自然博物馆的夜间警卫。下面呈现给大家的是他求职的情景： Interviewer: Mr.Daley, I can honestly say, in 43 years at this agency I've never seen a resume quite like yours. 达利先生，我在这家中介做了43年，还没见过你这样的履历。 …… Daley: Great. 太好了。 Interviewer: --who knows? You might get lucky. --谁知道呢？也许你运气好。	影视片段	请一位老师配画外音，配电影原声配乐；电影片段需剪辑，选取解说词中提到的男主角遇到的各种困难的代表画面，片段以男主角的特写镜头做结尾。
四：30s 两位老师就"职业信息收集与分析能力"展开讨论，引出电影片段举例	周老师：片中的达利为了获得一份工作挽救自己的生活真是不惜余力，极力讨好满脸皱纹的女面试官，虽然对方并不是很欣赏他，但最终还是给了他一个机会。	2号机位	
	张老师：是的，在生活的压力下他很现实很急不可待地需要一份工作，这反映出他开始对自己有了自我分析能力。同时大家也要注意，职业信息收集与分析能力也是求职时必备法宝之一，英语片《白发女魔头》中 Andy 的求职情景就集中体现了这一点……	1号机位切 3号机位	

续 表

片　段	解说词	镜　头	动作设计
五：3 min 英语片《时尚女魔头》中女主角 Andy 来到著名时尚杂志《RUNWAY》面试的片段	【画外音】一个刚离开校门的女大学生 Andy 来到著名时尚杂志《RUNWAY》面试，见到了对待所有的人都是那么尖酸刻薄的女总编 Miranda。 Miranda: Who are you? 你是谁？ Andy: Uh, my name is Andy Sachs. I recently graduated from Northwestern University. 呃，我叫安迪·塞克斯。刚从西北大学毕业。 …… Andy: Yeah. You know, okay. You're right. I don't fit in here. I am not skinny or glamorous…and I don't know that much about fashion. But I'm smart. I learn fast and I will work very hard. Thank you for your time. 好的，我知道了。没错，我不适合这里。我不够苗条也不够漂亮，也不懂时尚，但我很聪明，我学得很快，我会努力工作。多谢你的宝贵时间。	影视片段	请一位老师配画外音，配电影原声配乐；电影片段需剪辑，选取能体现女主角刚刚毕业、学生装扮和《RUNWAY》时尚的工作氛围以及 Miranda 刻薄的画面，片段以 Miranda 为女主角所说感到意外的特写镜头做结尾。
六：2 min 两位老师分析电影片段，总结"职业信息收集与分析能力"，并就"求职匹配能力"展开讨论，引出电影片段举例	张老师：在这段影片里我们看到，Andy 对《RUNWAY》和 Miranda 一无所知，本人也不时尚，这对她应聘 Miranda 的助理一职非常不利。现在从网络和报纸上搜集招聘信息非常方便，但这些信息只提供一些非常简单的介绍，很多求职者面试前根本没有对招聘信息和招聘单位进行过仔细系统的分析。若想在求职中脱颖而出，我们首先要分析招聘单位，用电话寻问、网络查询等方法，去全面了解我们想要应聘的工作单位，分析工作单	1号机位切 3号机位切 1号机位	两位老师要有眼神上的交流，当一位老师讲话的时候，另一位老师需做出点头、思考等回应性动作。（其实就是老师最自然的反应就好）

续表

片 段	解说词	镜 头	动作设计
	位的行业特征、产品或服务特点、单位规模、领导人及组织文化、组织结构、组织目标和远景、招聘流程等；其次我们要对应聘的岗位进行深入地分析，分析岗位的工作性质、工作内容、工作权限、工作要求、工作胜任的条件、工作环境、工作人际关系和工资福利等等。可能因为各方面的限制，我们有时无法从各个渠道得到想了解的全面信息，但我们一定要认真地收集并分析能得到的信息，对应聘的工作单位和工作岗位有一个较全面的了解，知己知彼方能得到最大的成功可能。		
	周老师：是啊，一提到求职，很多人都会想到如何写简历呀，如何面试呀，其实这些只是操作层面的东西，求职能力的培养才是核心所在。这就要求同学们必须掌握求职匹配能力。也就是说，通过对自我的全面分析，对招聘单位和岗位的深入分析，从两个方面进行匹配，一方面是从招聘单位的角度考虑，应聘者是否适合和胜任这个岗位，是否能够接受我们公司的文化和待遇，我们为什么从众多应聘者中选择这个人；另一方面是从我的角度考虑问题，我能给这个组织带去什么，我能否胜任这个岗位，我能否适应这个组织、我能从这个岗位得到什么，这个岗位是否适合我的长期职业发展，对实现我的职业目标有什么价值？从这两个方面进行匹配，我们就能有目标性地求职和应聘了。	2号机位切 3号机位切 2号机位	

续 表

片 段	解说词	镜 头	动作设计
	张老师：是的，这让我想起了英文片《当幸福来敲门》中，男主角 Chris Gardner 的求职经历	3号机位	
七：3 min 英文片《当幸福来敲门》中男主角 Chris Gardner，狼狈应聘股票经纪人的片段	【画外音】克里斯·加纳用尽全部积蓄买下了高科技治疗仪，到处向医院推销，可是价格高昂，接受的人不多。就算他多努力都无法提供一个良好的生活环境给妻儿，妻子最终选择离开家。从此他带着儿子克里斯托夫相依为命。他擅长数字，渴望成为一名股票经纪人，通过自己的努力终于得到一个面试机会。 Gardner：Chris Gardner. How are you? Good morning. 我是克里斯·迦纳。你好，早上好。 Jay：Chris Gardner. Good to see you again. 克里斯·迦纳，又见面了。（和 Jay 打招呼、握手） …… Director：Chris. What would you say if a guy walked in for an interview without a shirt on and I hired him? What would you say? 克里斯，如果有个人连衬衫都没穿就跑来参加面试，你会怎么想？如果我最后还雇了这个人，你会怎么想？ Gardner：He must've had on some really nice pants. 那他穿的裤子一定十分考究。（董事长首先笑出声来，其余人紧随其后）	电影片段	请一位老师配画外音，配电影原声配乐； 电影片段需选取解说词中提到的男主角遇到的各种困难的代表画面； 片段从 Chris 打开面试房间门开始出电影原声，结尾以男主角与面试官大笑的全景画面做结尾。

续 表

片　段	解说词	镜　头	动作设计
八：30s 两位老师分析电影片段，引出对"求职策略能力"问题的讨论。	张老师：影片中的 Gardner 是一个求职匹配能力极强的人。他为了成为股票经纪人求教于成功人士，在得知精通数字和擅长与人相处是成功秘笈后，他开始从这两方面努力并最终如愿以偿步入上流社会。在这个过程中我们也会发现，Gardner 在求职前期做了很多规划和努力，这就需要我们对求职策略引起重视。	3号机位切 1号机位	两位老师要有眼神上的交流，当一位老师讲话的时候，另一位老师需做出点头、思考等回应性动作。（其实就是老师最自然的反应就好）
	周老师：是的，求职策略能力也是求职成功的一个重要因素。就是说当确定了自己的求职目标，进行过有意识或无意识的岗位匹配后，就要思考我能用什么方法得到这个岗位？这时，我们可以考虑很多的方法来提高我们求职的成功概率，比如在简历中突出你适合和胜任应聘岗位的特性，在面试中表现出你是最适合这个岗位的人选，向组织展示你对他们有吸引力，使他们不会轻易地否决你，以致最后从竞争中胜出，这需要我们每个人的求职智慧了。	2号机位	
九：1min 两位老师结合三个电影片段的求职经过，总结分析英语求职面试过程中应该注意的事项，作课程结语。	周老师：前面插播的三段求职片段值得大家好好推敲，那么张老师对三位主人公的表现和命运有什么看法呢？	3号机位切 2号机位	两位老师要有眼神上的交流，当一位老师讲话的时候，另一位老师需做出点头、思考等回应性动作。
	张老师：我觉得是 Daley 求职的急切心情和为了获得工作不惜奉承女面试官的求职策略以及博物馆夜间守卫一职当时无人胜任，这些诸多因素使他能顺利过关的；至于 Andy 能否被聘用，这个不太好说，因为女主编 Miranda 面试时表现的漫不经心、不时翻动手	1号机位切 3号机位切 1号机位	

续 表

片　段	解说词	镜　头	动作设计
	里的资料，几乎没有正视过 Andy；Andy 的着装及回答也不是很理想，但是她介绍自己时骨子里的那份自信和倔强也许会赢得 Miranda 的青睐，这个倒也未为可知。我觉得 Gardner 会顺利胜出的，虽然他履历表上并没有骄人的经历，面试当天刚从警局获释还穿着沾满涂料的夹克、休闲裤，头发上、脸上、手上也满是涂料，但他为了争取这次面试机会在公司门口等了一个多月并已经在自学股票投资，由此可见其诚心之至！即使董事长已明显表示出不屑，在那么尴尬的情况下他仍然坚持把想说的话表达完，再加上他的机智和幽默，我想这份执着和真诚一定会打动面试官的心。		作结语的时候，两位老师需同时面向镜头微笑
	周老师：求职确实是考查的一种综合能力，不只是简历写作和面试技巧。这其中包括我们每个人的人生需求、职业发展和自我实现，包括信息分析、岗位匹配，包括策略选择与运用、求职方法多元化和薪酬谈判等重要因素。我们每个人都应先重点考虑自己的内心需求和自我定位，考虑个人价值和社会价值。	2 号机位	
	张老师：希望这节课能真正帮到各位同学，我和周老师在此预祝大家学业有成，前途似锦！	3 号机位	

通过该课件的学习，学生们既能学到求职的相关知识，为今后的职业生涯累积经验，又能了解三部经典影片，拓宽视野、提升艺术修养、增强自主学习能力。确立科学的选题，辅以合理的理论指导，外加影视素材支撑，这三项是影视课件使学生产生共情共鸣的

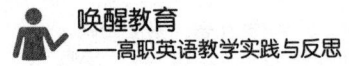

必要条件。

基于对学习者接受心理分析,应用教育技术对所选取的英文影片进行合理剪辑,通过视点、悬念、冲突、叙事等各种影视语言加以描述、连接,组合成思想独特、主题新颖的作品,以便学生在有限课时内多涉猎影片,从而突出教育教学目的,形成"互联网+"时代下独有的教学风貌。

3.3 《英语演讲的艺术》选修课对高职生的影响

随着高职英语教学改革的扩展和深化,高职英语的教学要求、课程设置、教学评估和教学管理都面临着新的变革,而高职的扩招也使得学生间的英语水平差异越来越大。采用同一内容、同一方式开设的高职综合英语必修课已难以充分调动学生的积极性和自主性,也不能满足不同层次、不同兴趣特点的学习者继续提高英语水平的需求。因此,以学生发展为本,充分考虑不同学生的能力倾向和兴趣特点开设高职英语选修课程,作为高职英语综合课程的必要补充是高职英语目前改革的必然趋势。

3.3.1 英语口语技能的重要性

在影片《肖申克的救赎》中男主人工 Andy 和他的好朋友 Red 在狱中曾有这样一段对话:

Andy: My wife used to say I'm a hard man to know. Like a closed book. Complained about it all the time. She was beautiful. God, I loved her. I didn't know how to show it, that's all. I killed her, Red. I didn't pull the trigger...but I drove her away. That's why she died because of me...the way I am. 老婆说她很难了解我,像一本合起来的书,她整天这样抱怨。她很漂亮,我多么爱她呀,我只是不擅表达,是我杀了她,枪不是我开的,但我害她离我远去,是我的脾气害她的,害死了她。

Red: That doesn't make you a murderer. Bad husband, maybe. Feel bad about it if you want, but you didn't pull the trigger. 但你不是杀人犯,也许不算是好丈夫,可以后悔但你无罪。

由此可以判断,他非常爱他的妻子,然而由于不善表达,使妻子爱上了她的高尔夫球教练,在幽会时不幸被人杀害。Andy 认为是他的不善言谈使妻子和他渐行渐远,虽然他没有杀他的妻子,但实质上他是间接杀手,口语技能在日常生活中的重要性在此体现的淋漓尽致。口头交际是与人交流的艺术,是生活的艺术。

随着全球经济一体化的加速,越来越多的行业都开始与世界接轨,国际语言——英语作为一种载体,其重要性日益凸显,实现沟通无障碍的语言应用能力将成为教育工作者努力的新目标和新一代创新人才奋斗的新方向。

欧美国家的一些知名大学已将演讲作为必修课,有些大学在强调学生必须具有的综合素质时,往往把交流和公共演讲的能力列为首位。在日本、新加坡等国家,政府工作人员要进行三个月到半年的演讲训练才能上岗工作。目前中国国内许多高校已充分认识到英语演讲的重要性,并已相继开设了此类课程,有些设置为必修课,有些作为选修课。对于优秀中国国家高职示范校之一的北京农业职业学院来说,《英语演讲的艺术》选修课的实施和研究,无疑会为英语教学输入新鲜血液。笔者想通过教学实践,就该课程教学模式探索出一套切实可行的教学方案，使英语演讲课在高职英语教学中作为辅助教学手段的作用达到极致。

3.3.2 《英语演讲的艺术》选修课利于高职生综合素质的提高

一个成功的演讲者能够激励起千百万人，一次打动人心的演说能使人终身难忘。历史上闻一多先生为真理、正义而战的"最后一次演讲"以及马丁·路德·金为争取平等、呼唤自由的"我有一个梦想"至今萦绕耳际；现代社会中杨澜女士充满东方魅力的申奥演讲以及美国前总统奥巴马慷慨激昂的竞选演说，都让我们感受到演讲所承载的深邃思想与语言之美。这就是演讲的魅力！

（1）要想成为一名合格的演讲者需在下面四个方面做足功课

①思想素质

在我院每年一届的英语口语风采大赛暨全国英语口语大赛学院选拔赛中，英语演讲是参赛必选项目，演讲内容要求健康、积极向上；立意新颖，符合主题。演讲者的思想基础是"魂"，言语技能只是外在表现形式。成功的演讲，必然是演讲者本人坚定正确的政治思想，远大的理想和正确的人生观、世界观和价值观的再现。

2016年12月，习近平总书记在全国高校思想政治工作会议上指出："要坚持把立德树人作为中心环节，将思想政治工作贯穿教育教学的全过程，实现全方位育人"，这意味着思想政治教育已经不再局限于高等教育思政课，而应该与高等教育中的其它学科相融合。大部分高职院校英语教师仅重视理论知识传授，教学中忽视思想政治教育，简单地认为思想政治教育是"两课"教师的责任，和自己没有关系。但是，高职学生的思想政治教育，关系到国家的前途和命运，是育人大计。思想政治教育不是少数思政教师的工作任务，是所有教师的职责所在。"基础英语"作为一门覆盖面极广的基础课，在人才培养课程体系中起着重要作用，理当发挥以文化人、以文育人的思想政治教育功能。在课程教学中加强思想政治工作，实现"政治思想教育、语言应用能力提升和职业能力培养"三维功能的融通，这是英语教学改革的新课题，也是我们英语教师面临的新使命。

②**文化素质**

除了渊博的文化知识是成功的英语演讲者必备法宝之一外，演讲者还必须具有以下扎实的英语语言专业基础知识：①英语语音知识。英语演讲者必须语音语调准确、流畅、自然，声音刚柔相济，具有节奏美感，语速适中，符合演讲风格。②英语篇章结构知识及句法知识。虽然不同体裁的演讲有不同的语篇结构，但都遵循一条共同的原则：论题、论点正确鲜明，论据真实可信，论证方式科学严密。③英语语义学知识。语言是随着时代、文化等因素的变化而变化的，演讲者需根据具体的听众、场合以及演讲目的来确定使用恰当的表达方式。④体态语知识。又称"肢体语言"，是用身体动作来表达情感、交流信息、说明意向的沟通手段，包括姿态、手势、面部表情和其他非语言手段，常被认为是辨别说话人内心世界的主要根据，是人们在长期的交际中形成的一种约定俗成的自然符号。在演讲中，肢体语言交流是语言强有力的辅助手段，会给听众留下深刻的印象。

③**思维素质**

言语和思维同步是成功演讲的必要因素之一。这要求演讲者具有敏捷的思维、迅速的表达、灵活的反应。同时，思维素质的重要性还体现在语言使用的选择性和创造性上。思想具有能量，语言是有声的思想，语言和思维是相辅相成、彼此促进的。

思辨能力是高等教育的一种核心技能，思辨能力的强弱决定了学生分析问题和解决问题能力的高低。对思辨能力的培养可以渗透到英语学科的听、说、读、写等各种技能的学习过程中，而英语演讲对于提高学生的语言水平，文化修养，心理素质和思辨能力，都是行之有效的手段之一。学生演讲时存在一些问题，如内容空洞，思想肤浅，缺乏逻辑和观点模糊等，原因看似是语言水平和知识掌握的局限性造成的，实则更多的是由于缺乏良好的思辨习惯和思辨能力而引起的。

④**心理素质**

良好的心理素质是每个成功演讲者必备神器之一。这要求演讲者能及时调整自己的心绪、思维，从容应对各种突发状况。在我国的基础教育阶段，应试压力充斥着教育的每个角落，学生获得的演讲训练和参赛机会少之又少，所以，对绝大多数高职生来说，能用母语演讲已属不易，更别说用英语在公众面前侃侃而谈。初次登台的演讲者，普遍存在怯场心理，轻者表现为面红耳赤、词不达意；重者表现为手足无措、大脑一片空白。

（2）*实践反思*

为人师者要保护好学生的自尊，呵护好他们明净的心灵，让他们见微知著、触类旁通、自觉自悟，在成长中收获自尊、自信，树立生命价值意识，当他们惊喜地感受到一种跃动的活力、一种难以遏制的生命激情与力量的时候，教育也就触及到了其真正的本质——"唤醒"，这也正是教育的精髓与智慧之所在！唤醒不只是依靠外界的一种力量，更重要的是一种自我觉知与自我唤醒的觉悟与力量。当受教育者的求知欲望与生命的力量被唤醒之后，他们就会自觉主动地去探索未知的世界，而这个探索的过程也就是自我唤醒心灵智慧的过程。

3.3.3《英语演讲的艺术》选修课教学模式

《英语演讲的艺术》选修课每学期面向全院学生开设，每周2课时，共计24学时，最大班容量为30人。在六年的教学实践中，共计360名学生参与了本选修课的学习。

在12周的课堂学习中坚持"示范、演练、讲评"原则，以学生为主体，充分调动他们的主观能动性。既然是口语课，教师首先要做到全英文授课，鉴于高职生的实际英语水平，在选词造句上切记简而易，随着学生水平的提升再做出螺旋式改变。要求学生课下多听、多看、多练，进入课堂后强制自己用英语表达，哪怕只能说一个词，如果借助肢体语言能让其他同学明白也是一种进步。

示范：在每节课上教师可以就需要学生演讲的话题做出示范，譬如，在第一节课教师可进行 Self-introduction 的演讲；之后可以让学生们观看影片中的相关片段，比如经典影片《The Sound of Music》中有多处自我介绍片段，教师都可以拿来作为非常好的教学资源。在听了、看了、接触了许多实例后，大多学生都跃跃欲试，心中充满尝试的渴望。

演练：在实践课上，教师要求学生把每次上台的机会都当作参赛，注意仪容仪表并保持头发及服饰的整洁度。当站在台上演讲时，要表情自然、面带微笑，注意和观众进行"eye-contact"并可配合肢体语言。当脱稿演讲忘词时要锻炼及时调整心态随机应变的能力，要有愈挫愈勇、百折不挠的韧性！

每到上实践课时总有学生会找各种理由不到课，这时教师要鼓励到课并勇于站到台上演讲的同学,让他们知道人生最大的敌人是自己,只有真正能战胜并超越自己的人才能扼住命运的咽喉!通过教师及时的心理疏导,学生们从逃避演讲到积极参与,从完成任务到创新自我,整体学习态度发生转变,参与意识空前高涨。

讲评:学生演讲时,教师一方面要求其他同学认真聆听并按照教师下发的评分表中的各项规定进行打分,另一方面,教师可使用手机进行现场录像(课后供演讲学生观看,发现自己的不足,以利于下次演讲时改进);然后选几个同学发言,指出演讲中的可喜之处和不足之处,然后教师作总结发言。全员参与使每个学生都真正成为了学习的主人。

3.3.4《英语演讲的艺术》选修课对高职生英语学习具有积极影响

根据回收的调查问卷,360名参加《英语演讲的艺术》选修课的同学中,313人普遍认为英语演讲对激发学生的英语学习兴趣、提高语言实际应用能力、拓宽学生知识面、战胜畏惧感、提升综合素质以及实现自我价值等诸多方面都不无益处;他们认为在选修课上可以用大块时间做口语训练,无压力的宽松状态利于他们有效学习;自从参加选修课的学习以来,他们基本上都变成了班里英语课上的"active students",爱朗读、爱提问、爱发言,学习面貌焕然一新,成绩有所提升。

3.3.5 开设选修课是高职英语教改的必由之路

笔者开设《英语演讲的艺术》选修课,力图通过"学中做、做中学"的方式对这门选修课程进行行动导向的教学设计,探索出一条师生互动、生生互动，教学相长、师生共赢的路径；同时力求将高职英语运用能力考试与后期选修课程、专业英语课程结合，形成一条完整的英语学习链，以期达到全面提高学生英语实际应用水平和综合素质的目的。笔者坚信，在目前高校探讨新的语言教学方法、关注学生的创新能力培养的大环境下，该选修课的开设具有深远的现实意义；它对北京高职院校选修课的顺利开展必将起到积极的促进作用，并将推动北京高职院校英语选修课教育向纵深发展。

3.4 高职英语人文教育

3.4.1 核心概念界定

人文的核心是"人"，其基本内涵是关注"人"的存在，关注"人"的情感。人文教育的实质即"完整人的培养"。英语课程的人文性就是指英语学科承担着"育人"的功能，而实现这一功能的重要方式就是学科融合，即把对于学生成长有重要影响的文化内容"整合"到英语教学中来。同时融入学生发展的人文关注，即对学生个体的关注，对学生学习过程的关注，对学生的学习情感态度的关注及对有助于学生可持续发展的自主学习能力的培养。

人文素养指有关人文科学的知识水平、研究能力和人的内在品质。人文素养内在表现为个人的修为和品格及成熟和稳定的价值体系，外在体现为重视人、尊重人、关心人、爱护人、理解人。人文精神以真、善、美的价值理想为核心，追求人生美好的境界，为人类自身的生存发展和自由而奋斗，是一种自觉的文化品格和精神，是对人生终极价值的追寻，对人类命运的优化。人文精神肯定人的价值和尊严，对人理解、容忍、接纳、尊重、爱护和关怀，重视思想和理性的价值，关注人的发展，以人的发展和幸福为本。

自主学习，是学生在课堂总教学目标的宏观调控下，在教师的指导下，在和学习内容建立心理联系的基础上，根据自身条件，运用自己的学习方式，选择不同的学习策略，积极主动完成个体需求的具体学习目标并能主动监控、调节、反思自己学习过程的学习能力。

3.4.2 高职英语教师人文素养培养

教师的人文素养就是教师所具有的人文精神，即在日常生活工作中体现出来的思想、道德、情感、心理、性格、思维、气质和修养，对学生的尊重和对学生成长的关心，以及教书育人的强烈责任感和历史使命感。教师人文素养的构成包括人文知识、人文精神和人文方法。人文知识又由历史知识、哲学知识、宗教知识和美学知识构成；人文精神是教师人文素养的核心要素，强调需具有强烈的教育使命感和责任心；对教育理想的不懈追求；积极维护教育的公平和正义；以学生生存和发展为本；以仁爱之心善待学生。人文方法是现代教师人文知识和人文精神得以实现的途径，包括直觉、体验和内省等。作为教育教学人文方法的内省，这里指反思自己的师德修养、敬业精神和职业习惯是否符合教师规范和标准，自己的职业发展水平和教育实践能力是否达标，自己的教育理念、教育方法和教育成果是否与时共进。

高职英语课改的总目标是促进学生的全面发展和综合素质的提高，以人为本、以学生发展为本，帮助学生树立终生学习理念，字里行间渗透着浓厚的人文气息，呼唤师生人文精神的回归。因此，英语教师不但要语言能力过硬，而且还要提升人文素养，以便培养出能适应信息时代和多元化社会需求的复合型人才。教师人文素养强调以学生为本，体现新教育观，有爱心、耐心、信心、责任感，个性健康、业务精湛、终身学习。英语教师人文素养的培养，首先，需要从树立全新的教育观着手。教育工作者关注的应当是人的成长，即努力培养具有健全人格、完整智慧、适应社会各个层次需要的人。每一位具有人文精神的教师，都会认识到每一个学生都是独立个体，要尊重他们，对他们一视同仁。第二，要做仁爱之师。只有热爱教育、热爱生活、不断成长的教师才会以积极的态度和乐观向上的精神去面对现实，珍爱生命、尊重生命，才会发自内心地去关爱学生，宽容地看待学生的错误和不足，才会主动去帮助学生纠正错误，引导学生树立正确的世界观、人生观和价值观。第三，要树立崇高的职业责任感。教师要对教育事业心怀敬重，秉承教育兴则国家兴的理念，充分认识到自己所从事的职业所具有的伟大而深刻的社会意义。第四，要有健康的个性品质、美好的情趣、坚强的意志、平静的心境和开朗的性格。第五，要有渊博的知识和精湛的业务技能，努力成为杂家。第六，是树立终身学习的意识。教师只有通过不断的学习，努力提高文学和音乐素养，增强跨文化理解和跨文化交际能力，研读心理学，用全新的知识和全新的理念来教育学生才能适应时代的发展要求。

英语教师只有把学习当成了一种习惯，才能拓展视野，掌握新技能，适应时代发展的要求。教师加强自身的文学和音乐素养是使课堂变得生动、充满活力的有效方法之一。讲授课文时，如果在恰当的时候穿插一些唐诗宋词或当代中西方文坛的一些作品内容，学生定会兴趣盎然，在领略到语言的博大精深的同时，增强了对文学作品的鉴赏力，提高了文学素养。比如在讲圣诞节时，如果教师教学生唱首 Jingle Bells，定会使学生耳目一新，在乐声中陶醉自己，内心变得祥和、从容，从此多了一个灵魂停泊的港湾。在语言学习中，学生更感兴趣的是异国文化、习俗、生活方式，因此，教师要在跨文化理解、交际能力和实际生活技能等方面提升自己的能力，做足功课。学习和研究心理学对高职英语教师尤为重要，因为只有了解学生的身心发展规律，才能知道如何使学生静心学习，如何激发学生的学习兴趣，与学生和谐相处共同进步。

作为新时代的英语教师，既要有精湛的语言技能，又要有较高的人文素养，精通东西方文化的差异，能艺术地将这两种文化融会贯通，打破思维定式，增强想象力、联想思维能力、交际能力和计算机应用能力，成为具有艺术加专业的多素质人才，具备学科素养和艺术修养等综合素养。

3.4.3 英语教学中人文教育的渗透与运用

(1) *人文教育和英语教学的关系*

人文教育是一个长期复杂的过程。从理论上来说，教师要帮助学生树立正确的三观——世界观、人生观、价值观；培养高尚的情操——从内心深处崇尚真善美，抵制假丑恶；锻炼坚强的意志——战胜从善过程中遇到的险阻；坚定理想信念——一旦选择必矢志不渝；养成良好的习惯——细节决定成败。

英语学科的人文性决定了英语教学不会是孤立的，它具有学科间的融合性。人文教育和英语教学是相辅相成互为因果的关系，因为英语学习的目的在于使学生会用英语交流，而交流的内容离不开学生的所思所想与日常生活，学生对各种话题的观点是什么，在交流过程中学生更愿意或易于接受什么样的看法,这些都无疑和人文教育息息相关。如果在英语教学中适当地加强人文教育,就能收到两者互相促进的良好效果。

笔者在高校任英语教师十二年,后又调入高职院校任教迄今已十六年,经历了不同学生综合素质的落差,面对语言水平及思想素质都有待提高的高职学生,一直以来急切地尝试寻觅一种使语言学习和思想素质教育具有可溶性的教学模式,直到2012年3月,笔者在任教的北京农业职业学院推出了公共英语选修课——《英文经典影片赏析》,该课程的开展给笔者的教育构想提供了实施的平台。笔者所承担的英文经典影片赏析课,作为一门全院公共任选课开设已有八载,受益学生总数高达4,000余人,颇受学生欢迎。在教学实践中,笔者不断创新课程内容和教学方式,每讲完一部影片都要求学生写影评,促使学生对影片内容分析和思考。正如"一千个人眼中有一千个哈姆雷特"一样,学生们对同一影片会有不同的观点和认知,比如在《猫鼠游戏》影评中,有人写到自己也是离异家庭的孩子,虽然经历了情感方面的伤痛但顽强地挺过来了,现在学业、生活已步入正轨,绝对没有像片中17岁的主人公那样干危害社会的事情,而且今后无论生活中遇到什么坎坷都会学习影片《当幸福来敲门》中的男主人公那样,克服千难万险陪伴自己的孩子幸福成长。正是由于学生的不同评价和反思,让笔者看到,学生人文素养的提高,促进了他们正确的人生观、世界观和价值观的树立,同时也逐步培养了他们的社会责任感,提高了独立思考和判断能力。受此激励,笔者随后又推出了两门选修课——《英语演讲的艺术》和《英语话中华》,试图从不同角度和途径提高学生语言技能的同时,将人文教育融入课堂。

英语教学和全人教育的内在统一是英语教学的出发点和归宿，有利于激发学生的自主学习能力，为学生的终身可持续发展奠定坚实的基础。

人文教育的关键在于教师。人无德不立，育人的根本在于立德。H.Stern将情操与价值观视为外语教育的四大类目标之一，指出在语言学习过程中，学习者在思想、情操、态度和价值观等方面都会受到相应的影响。所以，英语教师除了提升自身综合素养以外，还应增强育人育德意识，使育人和育才同向同行，产生协同效应，把立德树人作为英语教学的根本任务，肩负起价值引领的神圣责任。

（2）英语教学中人文教育的渗透途径

①构建高职英语人文融合课堂

人文融合课堂即指通过课堂这个育人的主渠道，做到认知过程与情感过程交织，知识材料与个人经验融合，凸显学生个体发展的学习过程。人文融合课堂应具备自主探究、互动交流、激发生成、愉悦共享、反思升华五个基本特征。构建人文融合课堂，可以激发学生的创造性、学习动机和热情以及调动人的内在潜能，促进学生的自主学习力。学生人文素养的提升，更易形成促进学生可持续发展的英语课堂。二者相辅相成、互为因果，而学生综合素质的提升和正确的人生观、价值观、世界观、道德观和审美观的树立，恰是英语课程的出发点和归宿。

②人文教育与高职英语课堂的融合策略

深度挖掘教材中的人文教育元素。高职公共英语是一门覆盖面广、历时长、受众多的基础必修课程，教学内容以语言知识与文化传播为主，是中西方文化碰撞交流的一个平台，其得天独厚的特质便于融入人文教育，在人才培养课程体系中独具特色。因此，教师可以以教材为抓手，找准人文教育切入点，挖掘这门课程的育人功能。在传授语言知识的同时，丰富课程内容，将所要传播的观点和信念以润物细无声地方式渗透进课程的介绍与讲解中。

兴趣是最好的老师。如今，教师面对的学生成长于被数字设备环绕的年代，他们很多的价值观念直接来源于长期耳濡目染的影视、网络文化。他们在思维模式和认知风格方面更容易接受新的事物，敢于打破常规，喜欢迎接挑战，讨厌一成不变，所以，原有的教学手段和方法对于他们来说已经不太适合，教师需要使用新的手段来激发他们的学习兴趣，调动他们的学习动机。

设置融人文性于英语课堂的情境教学。在 Where did your money go? 单元的学习中，笔者在课堂上随机挑选了几个同学回答每月的平均花销。当学生们的答案出现差距时，及时指出消费时要量入为出绝不攀比。家境贫寒者不要因此感觉低人一等产生自卑感，家境优渥者更不能因此趾高气扬产生优越感。由此进而引出"校园贷"超额消费和"花呗"欠款等社会现象，要求学生树立正确的消费观和法制观。

③人文融合课堂和学生自主学习能力的关系

人文融合课堂，即指通过课堂这个育人的主渠道，做到认知过程与情感过程交织，知识材料与个人经验融合，凸显学生个体发展的学习过程。人文融合课堂应具备自主探究、互动交流、激发生成、愉悦共享、反思升华五个基本特征。构建人文融合课堂，可以激发学生的创造性、学习动机和热情以及调动人的内在潜能，促进学生的自主学习力。学生人文素养的提升，更易形成促进学生可持续发展的英语课堂。二者相辅相成、互为因果，而学生综合素质的提升和正确的人生观、价值观、世界观、道德观和审美观的树立，恰是英语课程的出发点和归宿。

④实践反思

A. 课堂文化建设

所谓课堂文化，即指课堂里面所形成的文化，以课堂上师生的教学实践中所表现出来的思想意识和思维方式为表现形式，由于其占时最长，所以它是校园文化的一个最重要的组成部分，是校园文化的载体，课堂文化是学校价值取向在课堂活动当中的体现。课堂文化是一种带有一定的情境性的特殊的聚合化的文化，主要体现的是一种氛围、一种人的精神气象！课堂文化须以人为本，体现对人的真切关怀与高度重视，建立心与心之间的平等交流和沟通。课堂文化要充分体现个性、人道主义精神，从而形成一种内在的素质聚合力，促进学生人格的形成。课堂文化在一定程度上展现的是一个学校的风貌、风气。良好的课堂文化，具有较强的聚合力。

课堂文化是在长期的课堂教学活动当中形成的，它反映的是教学和学习方式的总和，也就是师生思想意识思维方式的集中体现，一旦形成这种文化之后，老师和学生基本上在课堂上都会遵循，所以这是一个不成文的规范，是教师与学生共同追求的价值取向的一个体现。

课堂教学水平集中体现了学校的办学水平，尽管学校教育水平并不完全体现在课堂上，但是课堂教学的水平确实是学校教育水平最重要的体现领域，而课堂文化又是课堂教学水平的一个集中反映。校园文化建设不仅要重视学校的环境文化、制度文化、精神文化建设，更应该把学生每天在学校里度过主要时光的课堂文化建设放在首位。

课堂文化建设现状

经过了20多年持续性的教学改革,尤其是课改,高职英语的课堂文化建设取得了相当大的改观,突出体现在课题研究和观摩课上,这表明,大家已经摸索到了不少新的课堂文化建设的思路:充分体现学生的主体性,推进合作性学习,加强教学的互动性;开展研究性学习,强化课堂实践性,加快信息技术和学科建设的有机融合;进行个性化学习的探索,有效课堂教学的研究,同课异构教学模式的探究等。这些新的教学策略在课堂上的应用,使整个课堂面貌焕然一新,学习氛围充满了新的活力和生机。

当然,在课改推进过程中,课堂文化建设也出现了一些新问题和情况,比如说关于课堂文化建设的研究,首先是存在形式主义问题:重概念轻内涵。有关课堂文化建设的提法多到了目不暇接,但是真正研究概念的内涵,即如何落地的实践部分体现比较少;忽视软件,重视硬件。大部分院校校园文化建设中对于环境文化是比较重视的,但是忽视对教师整体素质长期的、持续性的、有计划提升的培养和建设;重课外,轻课内。校园文化建设着力在开展各种课外活动,很民主、很活跃,很有生气,这是很有必要的,因为这些都是校园文化建设的要素,但是在课堂里面很少能感受到学校所追求的价值取向,课堂氛围呆滞死板,教师一言堂,课内和课外反差很大。有的院校一介绍学校文化就是介绍课外文化,实际上,学校的真正重头戏是课堂文化,换言之,课堂文化建设并没有真正成为学校文化建设的重要领域,也就是说,虽然大家普遍重视学校文化建设,但是对于课堂文化建设的研究从思想上重视度还不够。

其次是学校领导难以有精力集中研究教学,更难以走进课堂来关注课堂文化建设。大部分院校的领导疲于应付各种检查、会议和报告等，没有那么多的精力真正静下心来研究教学，更难以走进课堂研究课堂文化建设的问题，这也是课堂文化建设得不到足够重视的原因之一。

最后是传统的质量观与由此形成的固有教学模式仍然在课堂教学当中占着主导地位。在各种新的教学理念和观点、各种新的教学教育模式以及方法技术手段不断地冲击下，多数高职院校课堂文化建设所呈现的一个新情况是：观摩课跟常态课存在着比较大的差异。在观摩课上，师生生机勃勃，一片新气象，而常态课还是老样子，新的课堂文化难以形成和注入。观摩课在某种程度上变成了一种表演，常态课课堂教学应该有的生机和活力并没有被激发出来，更谈不上学生在课堂当中发挥主动性和创造性。众多老师目前在面对这一新的挑战时，都会感到茫然困惑不知所措，他们无法彻底扭转传统的课堂教学模式当中学习目标的应试性和师生双边活动的单向性。

针对这一现象，有不少学者感慨道"理想很丰富，现实太骨感。"

2016年12月，习近平总书记在全国高校思想政治工作会议上指出："要用好课堂教学这个主渠道，各类课程都要与思想政治理论课同向同行，形成协同效应"。由此可见，最大限度发挥课堂教学的育人主渠道作用是提升高校思想政治教育实效的关键方法。

课堂是教师和学生交流以及教师培养学生学习能力的主渠道，更是树立社会主义核心价值观的重要场所，因此，将人文教育融入到教学内容选取、课程设计和课堂教学的各个环节，对于培养德、智、体、美全面发展的社会主义建设者和接班人会起到至关重要的作用。英语教师应该努力挖掘教学中与人文教育相关联的内容，借助现代化教学模式与手段，创新性地发挥英语课育人功能，使学生核心素养逐步提升，成为具有良好人文素质的时代新人。

在党的全国代表大会报告中，党的十八大报告首次提出把立德树人作为教育的根本任务。中华民族是历来重视德育的民族，立德树人也几乎是我国历代教育共同遵循的理念。《管子》中有"一年之计，莫如树谷；十年之计，莫如树木；终身之计，莫如树人"的论述，这段话说明，我国的古代先贤已充分认识到培养人，才是长远之计。把立德摆在第一位，是因为万事从做人开始。立德树人抓住了教育的本质要求，明确了教育的根本使命，符合教育规律和人才培养规律，进一步丰富了人才培养的深刻内涵。

想要实现立德树人，首先，教师必须坚持德育为先，即把德育教育放在首位，把社会主义核心价值体系融入教育全过程，引导和教育学生自觉践行社会主义核心价值体系。

其次，教师在教学实践过程中要以学生为本，关注学生的全面发展、健康发展、和谐发展、持续发展和终身发展，要创设爱学习、爱劳动、爱祖国、健身心、强体魄等教育活动的有效形式和长效机制，增强学生的社会责任感、创新精神和实践能力。重视美学教育，提高学生审美和人文素养。

第三，教师要关注学生的内心发展，帮助学生塑造向上、向真、向美、向善的心灵追求，要潜移默化地对学生进行人文关怀，培养学生健全的人格、积极的心态和乐观向上的品格，要润物细无声地激发学生的生命活力，把学生发展从知识层面提升到生命发展层次。

第四，教师要坚持帮助每个学生都成为有用之才的教育理想，尊重教育规律和学生身心发展规律，为每个学生提供适合的教育和平等的受教育机会，满足每个学生的学习需求，促进每个学生都主动地、自发地发展。

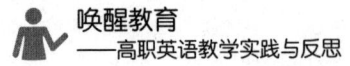

全力创建生命课堂

教师应该有一种情怀，一种对教育与生俱来的爱，一种对教育与生俱来的敏感，一种对学生与生俱来的心灵的守护与培育，一种与生俱来的让教育的阳光照耀每一个学生成长与进步的能量。教师要把关爱学生的身心、尊重学生的人格作为教育的首要任务来实施，关注个性差异满足不同学生的学习需要和生命发展，构建生命的课堂。爱是沟通、包容和接纳，生命的课堂应该是尊重生命的独立，呵护学生生命成长的历程，倾听学生生命脉搏的跳动，在和谐平等的师生互动中，共享学生生命成长的真实体验。

精心构建生态课堂

由众多独立的生命个体组成的课堂恰似一个自然的生态园，学生是其中的花草和树木，教师则是无怨无悔、无私奉献的园丁，教师要为全体学生创设和谐生态大环境，使每一个学生都能在愉悦、宽松的教育环境中快乐学习，幸福成长。生态课堂的教育理念倡导顺应学生各自的天性，在平等、温馨的课堂教学气氛中，让学生享受学习的快乐，自由成长。生态课堂通过师生互动促进了教师和学生的各自发展，教育就是成长，当教师体会到与学生一起成长的幸福和快乐时，才会从琐屑的教学生活中发现教育的价值，体验生命的真正意义。

倾情打造生活课堂

知识是先人们通过学习、研究和反复实践后得出的宝贵经验和智慧结晶，教师可以借助各种信息化手段，在课堂上还原实际情景进行人文教育，或依托课堂情景联系实际生活唤醒学生认知。在教学活动中，要突出学生的主体地位和教师的主导作用，关注并尊重学生个体差异。注重培养学生的自我意识，提高学生的自主学习能力，强调学生身体力行、重在实践。师生都是课堂教学的参与者，课堂教学的目标和任务都需师生共同完成。学生在课堂上既是受教育者，同时也是教育者，教师要借助学生的内驱力充分发展他们的学习天性，释放他们的个性潜能，达成自主学习的目标，实现自我发展。

B. 校园文化建设

校园是人类文明传播、发展与创新的摇篮。它既是一个学习场所，又是一种文化氛围。华中科技大学的涂又光先生曾将校园环境喻为泡菜缸，意思是说，校园文化氛围就好比是泡菜水，学生的人文素质即源于此，如同泡菜缸里泡出来的白菜、萝卜的味道和泡菜水的味道大同小异一样。北京大学则把校园文化氛围比作"空气"，"通过润物细无声的'空气滋养'，使学生们具有社会责任感、创新能力、品德情操和人文精神"。无论是"泡菜"理论，还是"空气"学说，都反映出高品位的校园文化环境对青年学子们的成长具有无声无息、不可取代的浸润作用。

校园文化建设与高职人文教育

高职院校比普通高校更加需要人文教育，一是由于高职院校建校时间短，历史和文化底蕴欠缺，薄弱的人文环境与综合性大学无法相提并论；二是因为高职教育学制短，教师的学历、职称、教科研能力和学生的文化素质均逊色于普通高校；三是因为高职教育以行业和职业需求为主要价值取向，强调"实用为主，够用为度"，侧重从实用角度培养人。而加强校园文化建设，积极营造浓厚的人文氛围，是高职院校实施人文教育的首选策略。

校园文化本质上是一种人文教育隐性课程，通过校园文化对学生进行人文教育熏陶，帮助学生在潜移默化中接受道德规范，提升人文素养。

校园文化是学校教育的重要组成部分,是全面育人不可或缺的重要环节,是人文教育体系中急待加强的重要方面。校园文化通过校风、教风、学风、多姿多彩的校园文化活动、浓厚的人文氛围和自然的校园环境等,给学生潜移默化的直达心灵的影响,良好的校园文化会以鲜明正确的导向引导和鼓舞学生,以内在的力量凝聚和激励学生,以独特的氛围影响和规范学生。

校园文化的定义

校园文化是学院师生员工在教学和科研活动过程、服务社会和生活娱乐实践中融合、创造出的独有的体现自身先进育人理念、教学理想、办学方针、治学态度等的精神元素。良好的校园文化具有强大的渗透力,潜移默化地促进师生员工孕育出无穷的智慧和力量,既有助于学院发展的稳定性和持久性,又利于个人挖掘潜能超越自我实现个体价值。

英语学科在高职校园文化建设中的路径

校园文化中最浅层的是物质文化,中间层是制度文化,最高层的是精神文化。三者之间是一个统一的整体,相互渗透、相互影响、缺一不可。创建高品位校园文化可以从这三个层面着手进行。

创建校园物质文化。物质文化,既是校园文化的物质载体和外在表现,又是校园制度文化和精神文化形成的条件和基础。学校物质文化,主要是指为实现育人目标而规划和创建的校园建筑、校舍布局、艺术景点及教学基本设施等。物质文化是最具穿透力的直接性资源,在整个校园文化建设中占有重要的地位。

2015年6月底,英语教研室在基础部领导支持下完成了"英语沙龙室"建设。虽然面积不大,但经过师生的美化,室内显得格外温馨、品位不俗。"英语沙龙室"具备英语角、俱乐部活动室、英语口语实训室等功能，将进一步促进校园英语文化建设，学生通过体验模拟情景下的语言社交活动，增强了对英语文化的了解，提高了学习英语的兴趣，同时加强了英语实际应用能力的培养。

创立校园制度文化。没有规矩不成方圆，若想让学院长治久安平稳发展，必须有严明的校规、校纪和教学、生活管理条例等保驾护航，并一视同仁严格执行。校园制度文化是校园物质文化和校园精神文化得以延续和发展的强大制度保障，具有强烈的规范性、组织性、纪律性和秩序性。

北京农业职业学院英语俱乐部成立于2010年11月，属于基础部学生社团，由基础部英语教研室负责具体指导工作，是以学习和使用英语为载体，寓学于乐、寓学于玩的一种社团组织；是一个面向全院同学，以"英语交流、培养兴趣、拓宽视野、提高能力"为宗旨，以"提高英语水平，增强交流能力"为目标，以"学生自我管理、自我组织、自我服务"为运行方式的群众性社团组织。英语俱乐部组织健全、活动开展丰富多彩，为活跃大学生活、服务大学生健康成长、服务学校稳定发展发挥着积极的作用；也在创造和谐、健康、向上的高职校园文化和促进高职生全面发展等方面起到了重要作用。

自成立之日始，北京农业职业学院就确定了俱乐部组织架构、人员分工；明确了俱乐部活动章程、语音室自主学习管理制度等。俱乐部秉承"以点带面"的原则，开展自主学习、MOVIE NIGHT、考试咨询、组织年度学院英语风采大赛及每周面向全院师生的英语角活动、文化讲座、代表学院参加英语志愿翻译、涉外学生交流等活动，得到了学院领导、师生的肯定。英语俱乐部是在发展中不断完善自我、充满生命活力的学生社团。

创设校园精神文化。校园精神文化是校园文化建设的核心目标，是校园物质文化和校园制度文化更高层次的表现。校园精神文化对内营造出一个良好的育人环境和组织氛围，对外体现了学院的价值观念和办学宗旨。

充分发挥第一课堂的重要性。人才培养一定是育人和育才相统一的过程，人无德不立，育人的根本在于立德，英语教学成功的关键所在是把立德树人内化到学科体系、教学体系、教材体系、管理体系、测评体系等各个方面、各个环节。英语课程具有工具性和人文性的双重性质，工具性着眼于学生语言运用能力、创新精神和实践能力的培养，而人文性着重于英语课程对学生思想感情熏陶感染的文化功能，关注学生的心灵成长，心智发展，人格升华。工具性是人文性的基础与途径，人文性是工具性的载体和灵魂。既然课堂是教师和学生沟通以及教师培养学生学习能力及育人的主阵地，那么，如何根据学生的心智发育特点和成长发展需求，结合教材内容挖掘课本的人文内容，促进学生自主学习力和综合素质的提升就显得尤为重要了。

开设英语选修课。《英语话中华》选修课的推出，旨在通过学习有关中国文化的课件和视频，引导学生领悟中国文化的精髓，实现语言和文化两个层面的输出，完成高职英语教学从语言技能教学模式向文化教学的转向，推进中国文化的传播。

突出第二课堂的多样性。为了丰富校园文化，加强学院学风建设，营造浓厚的英语学习氛围，激发同学们学习英语的积极性，并为全国高职组英语口语竞赛储备力量，英语俱乐部自2010年始已经连续成功组织举办了十届年度学院英语口语风采大赛，胜出的种子选手们经过刻苦参培和激烈角逐，分别在2017年获得北京市高职组英语口语非专业组比赛三等奖，2018年和2019年均获北京市高职组英语口语非专业组比赛二等奖；在2018年和2019"外研社杯"全国英语演讲大赛（高职组）北京赛区获2个一等奖、1个二等奖和3个三等奖。比赛由个人定题演讲和英文才艺展示两个部分组成。演讲题目多以弘扬中国文化、传播民族自信为主，如"I'm Proud of being a Chinese"和"China, the World View"等。选手们从自身出发，向评委老师和现场观众生动阐释了中国文化、经济及科技等诸多方面的发展；才艺展示环节形式多样，选手们选择了歌曲演唱、英文短剧或为英文经典影视片段配音等表演形式，精彩纷呈、高潮迭起，充分彰显出同学们对英语的浓厚兴趣和极高热情。同学们在这里不但能展示青春风采，更将展示我院素质教育成果。

每周开展面向全院师生的英语角活动。时代在发展，社会在进步，校园的文化生活也日益丰富。对于21世纪的当代大学生而言，学会一门外语是至关重要的。要提高英语口语交际能力，需要进行适当的实践训练，做到无论在什么场合都能开口说出流利的英语。北京农业职业学院英语俱乐部于2018年3月正式开启大型"英语角"活动，集学习性、交流性、趣味性于一体，为俱乐部成员及在校师生营造出浓厚的全英式学习氛围，练习说地道的英语，掌握练习英语口语能力的正确方法，同时发掘在各方面具有潜能的同学，提高大学生英语学习兴趣及热爱程度，丰富大学生的课余文化生活。

共度中国传统节日。中国是世界四大文明古国之一，文化博大精深，在世界文化体系内独具特色。面向全院师生，英语俱乐部师生一起迎元旦、庆端午，有助于增进学生间的友谊，使师生、生生之间更加和谐和亲密。此类活动有助于增强跨文化交流的氛围，塑造浓厚的校园生活气息，让同学们了解中国传统文化，感受文化氛围，逐步提升学生用英语讲中国故事的能力，培养学生的中国情怀和民族意识，提升思维品质和人文素养，保证同学们的心理健康，让同学们放松身心，调整精神，乐观面对学习中的压力。

开发好第三课堂。国家整体信息化程度的日益加深，为校园精神文化建设发生质的飞跃提供了强大的技术支撑。教师要善于通过网络指导并帮助学生构建知识、发展技能、拓展视野、活跃思维和展现个性；在学生成长的过程中，尊重学生的个人经验，通过互联网规划一切可能的情景和行动以促进学生的学习和成长，发展学生的潜能，提升学生的综合素质，完善学生的人格，逐步建立一种终身学习的教育理念。

实践反思：校园文化的实质是以人为本，着眼于人的全方位发展，它以文化为载体，强调精神建设。长期置身于良好的校园文化氛围中，能提高师生的人文素养，形成强烈的社会责任感和历史使命感；有助于师生学会正确定位和评价自己，尊重和关爱他人，关注社会发展，崇尚社会正义。校园文化建设是高职教育发展历程中不可或缺的必然组成部分，如何通过课堂内外、线上线下开拓教育阵地，充分发挥校园文化建设中学生的主体地位是值得业界同行探索的核心问题之一。

（3）**人本主义理论**

人本主义理论是20世纪五六十年代在美国兴起的一种心理学，其主要代表人物是马斯洛和罗杰斯，研究对象是人的本性及其与外部世界的关系，强调人的价值和尊严，重视人的整体协调发展，这些观点对于当下的教育教学有着积极的指导意义。

①**主要观点**

罗杰斯的"自我实现"理论：罗杰斯认为，人有一种与生俱来的自我实现需求。这种内在需求在生理、心理上贯穿始终，外在表现为不断成长和发展自己，而人的自我成长正是人格形成和发展的内驱力，它指引人朝着满意的个人理想前进。在个体寻求发展的历程中，有一种是受他人的关怀而产生的体验，还有一种是受到他人尊重而产生的体验，这两种体验被称为"正关怀需求"，而这种需求是帮助形成和发展正确的自我概念，从而真正实现自我潜能的原动力。

"情知合一"的教学理念。人本主义理论认为，情感和认知是人类精神层面彼此交融的两个不可分割的有机部分，因此，其教育目标就是要培养身心合一的人，也就是在行事过程中将理性和感性应用自如的知情合一的人，而要想达成这一目标，就要促进个体的学习和变化，培养能够积极愉快地顺应时代变化、善于学习和心理健康的人。

以学生为中心的教学观。人本主义理论认为，教师的职责是提供丰富的教学资源，建立良好的人际关系，营造一种宽松、和谐、民主、平等的促学氛围。教师应该平等地对待每一个学生，高度重视学生的个性差异和个人价值观，让学生自己选择学习方法，而不是传授知识或教学生如何学习。人本主义理论强调学生自主建构知识意义，重视发掘人的创造潜能，核心是以人的发展为根本。

②人本主义理论与英语自主学习的关系

人本主义理论认为，自我意识和情感因素在学习过程中起着至关重要的作用，教师要遵循发展人、提高人、尊重人、理解人、温暖人的原则，着眼于学生的终身可持续发展，把学习的自主权、发展权还给学生，使学生真正成为学习的主体，帮助他们树立学习的成就感和自信心；教学生学会自主学习、自我构建、自我约束、自我评价，愉快学习、和谐发展，让每一个个体生命的潜能得到自由、充分、全面、和谐、持续的发展。

③高职生英语阅读自主学习能力培养研究与实践

英语教学成功的关键所在是人文性与工具性的有效统一。工具性侧重学生语言综合技能、开创精神和实践能力的培养，而人文性强调英语课程对学生精神层面的影响和改变作用。英语课程的"育人"功能是其人文性的集中反映，而学科融合是实现这一功能的重要途径，即把对于学生成长有积极影响的文化内容"整合"到英语教学中来；同时融入对学生发展的人文关怀，即对学生个体的关心，对学生的学习过程的关注，对学生的学习情感态度的重视及对有助于学生可持续发展的自主学习能力的培养。

在高职英语教学中，阅读占据了相当重的分量。众所周知，阅读是直接接触英语本土语言最自由、最广泛、最方便的途径，对听、说、写、译四项基本技能有积极的促进作用，而恰当的阅读资料在提高学生语言综合应用能力的同时，更能促进他们的心智发展，提高他们的人文素养。

④实验教学与研究

研究路线

第一阶段从2018年9月24日始至12月31日止，共计15个教学周；第二阶段自2019年2月25日始至6月8日止，历时15个教学周。

实验教学包括控制班和实验班。两个阶段均选取张老师所代的3个班，其中一个班为31人，确定为控制班（Control Class，CC），另两个班分别为29人和32人，确定为实验班（Experimental Class，EC）。另一位参研教师陈老师与张老师年龄及教学经验、水平相当，其任教的3个班，其中一个班为28人，确定为CC班，另两个班分别为29人和30人，确定为EC班。上述6个班，共179名学生均为北京农业职业学院非英语专业一年级学生,全部参加过效度和信度可靠的英语入学分级测试,被分在提高班,英语水平相近。

⑤课程设计

上述6个班均采用外研社《新技能英语高级教程》1册&2册,课时均为120学时。2个CC班都采用传统教学法;4个EC班在采用传统教学法的同时渗透立德树人、课程思政、人文关怀教学新理念,从文化意识、语言知识、语言技能、语言策略及情感态度五个方面展开阅读教学实践。精选教材中所要讲授的篇章内容,挖掘体现中国文化精髓、民族自信、文化自信、利于学生人文素养提升、符合学生年龄特点和利于学生身心发展的文章作为学习资料。实验初,教师向学生讲明本实验的考察项目有:①阅读进步程度(30%),计算方法为:期中测试阅读与前测阅读比较,期终测试阅读与期中测试阅读比较,成绩显示有提高的该项为满分。②自评与他评(20%)考察是否具有思辨能力和对自己学习进行规划和执行能力;能否客观评价同学并给出建设性意见。参研教师找一些题材以故事为主、适合学生层次的经典名著,采取看提要猜书名的方式推荐给学生,让学生自行挑选出他们喜爱的读物作为课外阅读材料,以此激发学生的兴趣,拓展学生的阅读量和词汇量,丰富学生的文化背景知识。学生投票最多的书将成为必读读物,要求学生每个月阅读一篇简写本的经典名著,回答教师为帮助学生梳理故事情节在每章节末提出的若干问题,并写出书评供大家共享。③能否对自己学习活动进行调节和修正(20%)。④课堂笔记和课外作业(10%)。⑤前、后期调查问卷(10%)。⑥前、后期阅读测试成绩(10%)。

⑥研究内容

围绕以下5个问题进行:①实验前后高职生英语阅读策略的应用

情况。②实验前后高职生英语阅读的需求变化。③高职生如何看待人文教育。④人文教育对高职生自主阅读学习产生的影响。⑤人文教育对教师专业发展带来的影响。

⑦研究结果

参研教师分别是2018年12月28日和2019年6月6日进行了实验第一阶段和第二阶段的调查问卷填写和阅读后测,用SPSS22.0对数据进行分析,得出如下结论:

实验后大部分学生(80.9%)阅读水平逐步提高,速度和准确率都有明显提升,期中、期末及后测成绩稳步提升。张老师EC班同学在第一学期B级全国统考中通过率为100%,而CC班仅为85.9%;第二学期EC班同学A级通过率为92.4%,而CC班仅为70.2%。陈老师EC班同学在第一学期B级全国统考中通过率为96.4%,而CC班仅为83.2%;第二学期EC班同学A级通过率为91.8%,而CC班仅为69.3%。

实验前能够使用一些简单的阅读策略的高职生为数不多(14.6%),实验后大部分学生(88.5%)能够有意识地使用多种有效的阅读策略:在自主阅读学习受阻时,能有效利用各种学习资源寻求帮助,无形中增强了学生的独立性和责任心,提升了自主学习能力;面对不同类型的篇章懂得随时调整阅读方法。

实验前,大部分学生(90.3%)的阅读学习动机是为了应试而且缺乏持久性。实验后,大部分学生(86.3%)的自主阅读学习动机是为了拓宽视野、提升自己,阅读已然成了他们日常生活中不可分割的一部分。教师恰如其分的人文关怀和同学之间的相互尊重均利于催生个体的外部学习动机,其特点是诱发性、被动性和短暂性;源自个体内部的自我实现愿望则利于内部学习动机的产生,其特点是自发性、自主性和持久性。如何帮助学生从外部学习动机向内部学习动机快速过渡是从教者值得思索的课题，而内部学习动机一旦形成，必将大大促进学生自主学习力的提升。学习者一旦拥有了这种能力，便可以将它应用在其它领域，为今后的学习和工作奠定坚实的基础。在终生学习的社会里，自主学习力对个体的生存和发展起决定性作用。

实验前，大部分学生（85.3%）一旦在自主阅读学习中受阻，便会采取放弃、回避态度，实验后，大部分学生（83.9%）的受挫能力普遍提升，他们用坚强的意志掌控自己的学习，有毅力有恒心克服一切困难。

每个人在生活、学习和工作中都充满了迷茫和无知，通过阅读课中的人文教育，可以帮助学生获取别人的间接经验和教训，帮助找寻答案和范例，避免再走弯路。

生生互动、师生互动的阅读教学授课模式以及学生的学习反思交流活动，大大激发了学生英语学习的兴趣，增进了自主学习能力。经典阅读的人文性促进了学生的心智发展，有助于他们树立正确的人生观、世界观和价值观，同时也逐渐培养了他们的社会责任感，关注他人的同理心，提高了学生独立思考和判断的能力。

人文教育的关键在于通过实验，使参研教师们获得专业素养的提升，树立立德树人的全新教学理念，并在教学过程中自发践行三全育人和培育学生的社会主义核心价值观。

（4）*实践反思*

阅读既是学习、应用和提高语言能力的必要手段之一，又是认识、了解、改造客观世界和主观世界的重要途径之一，而英语阅读就更等于是多了一个看世界的窗口。

基于人本主义理论的高职生英语阅读自主学习能力培养教学实践，既促进了学生身心发展，全面提高了学生的核心素养，又增进了学生的自主学习能力，实现了"全人"教育。教师要尊重学生的个人经验，通过"线上线下"、"课上课下"混合式育人模式，促进学生的学习和成长，激活学生的潜能，从而达到自我实现。当受教育者的求知欲望与生命的力量被唤醒之后，他们就会自觉主动地去探索未知的世界，而这个探索的过程也就是自我唤醒心灵智慧的过程。

①英语听说教学实践

高等学校外语教育的国家最新标准强调，"外语教育"必须培养学生的"中国情怀"、"国际视野"、"文化意识"、"思维品质"、"人文素养"及"沟通能力"，要求学生树立正确的历史观、国家观、民族观、文化观，能主动积极地与来自多元文化背景的人们共同构建人类命运共同体。要想逐步培养学生使其成为具有全球胜任力的新一代，外语教育必须要树立人类命运共同体意识，以语言为基础，尤其把听说作为重中之重，这也是外语教育者的时代责任。

由于高职英语课时有限，参研教师需研读教材中所要讲授的听说内容，精选体现民族自信、文化自信和利于学生人文素养提升的内容。通过对学生交流、演讲和论辩技能的培养，使他们更具逻辑推理、言辞表达、哲理思辨能力，在创新人才的培养和在不同国家与文化之间的沟通中，这一能力极为重要。

实验前，学生语言综合能力弱，尤其表现在听、说方面，课堂表现一般为记笔记、听老师满堂灌、手机聊天或睡觉。实验中，融入人文关怀和课程思政的教学策略对学生产生了积极的正面影响：学生的课堂参与度提高了，表现力增强了，语言综合能力提升了，自主学习力提高了。学生对自己有了更高的要求。有学生主动参加学院举办的英语演讲、英语短剧、英语电影配音、英语歌曲比赛等，获奖者颇多。

实践反思：教育就是尊重学生自带的生命密码，顺应他们的个性成长，捕捉他们闪光的点点滴滴，促进他们心智增进以及接纳一切事物的接受能力。在困难挫折面前，保护他们希望的种子，因势利导地启蒙他们前进，同时兼顾德育教育，良性发展他们的友情，摒弃狭隘的偏见和自私自利的言行举止。总之，学生成长中遇到的任何事情，都是一个实施教育的种子，教师的智慧格局时刻在潜移默化地影响着学生的认知和辨识度。

（2）网络教学

如今，我们面对的学生都是"数字土著"，他们处于被数字设备环绕的年代，他们很多的价值观念直接来源于长期耳濡目染的影视、网络文化。他们在思维模式和认知风格方面均和"数字移民"有很大差异，他们容易接受新的事物，敢于打破常规，喜欢迎接挑战，讨厌一成不变，所以，原有的教学手段和方法对于他们来说已经不太适合，从教者需要使用新的手段来激发他们的学习兴趣，调动他们的学习动机。教师可以利用一切有效信息手段"占用"学生的课下碎片时间，如通过蓝墨云班课发布精选的、利于实施人文教育的学习资料、课件、视频，以及扇贝等英语学习软件扩大学生词汇量、阅读量，提高听说能力等。超越了社会系统的整体发展的当代信息技术，为学生的学习创造了多元化途径，使融合性、关联性学习成为一种趋势。通过各种先进的信息技术，教师因势利导融合人文精神的听、说、读、写、译学习资料，学生在穿越超时空隧道的同时，华夏五千年的历史和文化、中国的伟大复兴梦、中国在全世界抗击新冠肺炎疫情过程中的大国担当历历在目……

实践反思:"育人为本,全面发展"的基本教育理念涵盖三个要点,一是把立德树人作为教育的根本任务,二是提倡多育并举的教育途径,三是把全面发展作为培养目标。高职英语教学实践要始终坚持育人为本,全面发展的先进教学理念,培育和践行社会主义核心价值观,坚持教育与社会实践活动相结合,完善中华优秀传统文化教育,形成爱学习、爱劳动、爱祖国活动的有效形式和长效机制,增强学生的社会责任感、创新精神和实践能力,全面加强德育、智育、美育教育教学工作,促进学生快乐健康成长,使他们成为高素质的社会主义建设者和接班人。

综上所述,教师要尊重学生的个人经验,通过听、说、读、写、译及"线上线下"、"课上课下"混合式育人模式促进学生的学习和成长,激活学生的潜能,从而达到自我实现。遵循发展人、提高人、尊重人、理解人、温暖人的原则,着眼于学生的终身可持续发展,把学习的自主权、发展权还给学生,教学生学会自主学习、自我构建、自我约束、自我评价、愉快学习、和谐发展,让每一个个体生命的潜能得到自由、充分、全面、和谐、持续的发展。

第4章
相关理论研究

4.1 多元智能理论

4.1.1 理论形成的过程

20世纪初，法国心理学家比奈创造了智力测验，用来测量人的智力的高低。

1916年，德国心理学家施太伦提出了"智商"的概念：智商即智力商数，它是用数值来表示智力水平的重要概念。

1935年，亚历山大第一次提出"非智力因素"这个概念。所谓"非智力因素"是指记忆力、注意力、观察力、想象力、思维力等智力因素之外一切心理因素，主要包括动机、兴趣、情感、意志、性格等，这些非智力因素都是直接影响和制约智力因素发展的意向性因素。

1967年，美国在哈佛大学教育研究生院创立《零点项目》，该项目主要任务是研究在学校中加强艺术教育开发人脑的形象思维问题。从这之后的20年里，美国对该项目的投入达上亿美元，参与研究的科学家、教育家超过百人，其中包括世界著名教育心理学家美国哈佛大学教育研究院的霍华德·加德纳（Howard Gardner）。他们先后在100多所学校做实验，有的人从幼儿园开始连续进行20多年的跟踪对比研究，多元智能理论就是在此基础上产生的一个重要成果。

4.1.2 理论内容

霍华德·加德纳教授查阅了大量的、没有相互联系的资料，通过对这些研究的分析整理，基于多年来对人类潜能的大量实验研究，在1983年出版的《智力的结构》一书中，首次提出了自己对智力的独特理论观点，并着重论述了他的多元智能理论的基本结构。加德纳认为过去对智力的定义过于狭窄，未能正确反映一个人的真实能力。他认为，人的智力应该是一个量度，一个解题能力（ability to solve problems）指标。根据这个定义，他在《心智的架构》（Frames of Mind, Gardner, 1983）这本书里提出，人类的智能至少可以分成九个范畴：语言（Verbal/Linguistic）；数理逻辑（Logical/Mathematical）；视觉空间（Visual/Spatial）；身体-运动（Bodily/Kinesthetic）；音乐节奏（Musical/Rhythmic）；人际交往（Inter-personal/Social）；内省/自我认知（Intra-personal/Introspective）；自然探索（Naturalist）和存在（Existentialist Intelligence）。

他认为每个人都拥有九种主要智能：语言智能（linguistic intelligence），具备这种智力的人善于记忆信息、与人交流思想、阅读和写作等；数理逻辑智能（logical-mathematical intelligence），具备这种智力的人善于分类、归纳，可以进行抽象及深入的连续推理；视觉空间智能（spatial visual intelligence），具备这种智力的人善于把握空间关系，擅长通过视觉学习并具备运用视觉手段和空间概念来表达情感和思想的能力；身体-运动智能（bodily-kinesthetic intelligence），具备这种智力的人善于动手操作、表演、运动以及进行实践活动；音乐节奏智能（musical rhythmic intelligence），具备这种智力的人对音乐有直觉的、全面的了解，不仅擅长于听音乐、唱歌，而且还爱好读谱、写歌、作曲；人际交往智能（interpersonal intelligence），具备这种能力的人能洞察他人情绪、情感、动机和企图，擅长与人合作、调节冲突和带动他人，善于通过交流学习，并具有较强的领导和组织才能；内省/自我认知智能（intrapersonal intelligence），具备这种智力的人很清楚自己的优缺点，并能很好地控制和调节自己的情绪、欲望、企图和愿望，具有规划及驾驭自己人生的能力；自然探索智能（naturalist intelligence），指对生物的分辨观察能力以及对自然景色敏锐的注意力，拥有此项智慧者在辨认和分类自然界以及人为的现象方面能力特别杰出，尤其体现在探险家、考古工作者、农业工作人员和动物饲养员身上；存在智能（Existentialist Intelligence）指人们表现出的对生命、死亡和终极现实提出问题，并思考这些问题的能力。

智能商数学说

加德纳1983年提出了智能商数学说，他认为每个人都拥有九种商数：智力商数（Intelligence Quotient，IQ）代表人的潜能，反映了人的智力水平，即智力测验所测出的分值；情绪商数（Emotion Quotient，EQ）体现的是面对多元的社会变化冲击时人的情绪稳定程度，商数愈高表示承受变化的能力愈强；判断商数（Judgment Quotient，JQ）体现的是人的分析能力，该能力越强判断越准确；逆境商数（Adversity Quotient，AQ）指面对逆境时，个人或组织的不同反应。AQ愈高，表示该人愈能乐观面对逆境；创意商数（Creation Quotient，CQ）指与众不同且收效甚佳的想法、建议及事务处理方式；健康商数（Health Quotient，HQ）指熟知健康知识、拥有健康的身心状态与正确的生活习惯，三者交互影响，彼此交融；理财商数（Finance Quotient，FQ）指一个人在财务方面的智力，包括两方面的能力：一是正确认识金钱及金钱规律的能力；二是正确使用金钱及金钱规律的能力；精神商数（Spiritual Quotient，SQ）指人除了以肉体方式存在外，还有心理、情绪、社交、智性等层面的存在，尤其是灵性（Spiritual）的存在。SQ 高，说明生命快乐、成功、健康；发展商数（Development Quotient，DQ）表示一个人促使事物转变的能力，该能力也是人类社会发展的推手。DQ 高的人擅长改变环境和创造环境。

4.1.3 理论对教学的影响

加德纳的多元智能理论是对传统的"一元智能"观的强有力挑战，大部分教师在当前课程改革中对学生评价颇感困惑之时，他的理论无疑会给从教者带来诸多启示。

（1）多元智能理论有助于重塑新的学生观

在人才观上，多元智能理论坚信"天生我才必有用"，认为几乎每个人都是聪明的，只是聪明的范畴和性质存在差异。该理论认为教师要改变以往的学生观，用赏识和发现的目光去看待学生，改变以前用一把尺子衡量学生的标准，要坚信只要通过正确的引导和挖掘，每个学生都能成才。

（2）多元智能理论有助于转变旧的教学观

在教学方法上，多元智能理论强调应该根据每个学生的智能优势选择最适合学生个体的方法。按照孔子的观点，就是要考虑个体差异，因材施教。在教学中，教师要根据学生的差异，运用多样化的教学模式，促进学生潜能的开发，最终促使每个学生都成为优秀的自己。

（3）多元智能理论有助于形成正确的智力观

教师必须认识到智力的多元性，传授知识的同时，培养和发展学生的各方面的能力同等重要。

(4) 多元智能理论有助于构建科学的评价观

多元智能理论认为，人的智力是由多种能力构成的，因此，学校的评价指标、评价方式也应多元化，注重对不同人的不同智能的培养。学校教育应从单一的纸笔测试方式的传统标准化智力测验中解放出来，不能只片面强调语言和数理逻辑方面的能力，忽视学生理解能力、动手能力、应用能力和创造能力的客观考核。

(5) 多元智能理论有助于树立前瞻的发展观

多元智能理论认为，学校应该让学生在接受学校教育的同时，帮助学生发现适合其智能特点的职业和业余爱好，以便学生以自身内在的兴趣为切入点，发现自我、实现自我、超越自我。

(6) 多元智能理论有助于教学目标的改变

在教育目标上，多元智能认为应该根据学生的差异来确定每个学生最适合的发展道路，该理论主张给每个学生都铺一座桥，让每个学生都来有所学，学有所得，得有所长，而不是让学生千军万马过独木桥，也不是简单地给学生多架几座桥。教育的价值除了为社会培养有用之才，更在于发展和解放人本身。

(7) 多元智能理论有助于教学策略的转变

教师观念的变化必然导致教学策略的改变。教学中要采用多种方式和手段，改进教学的形式和环节，兼顾学生的多种智能。多组织小组合作学习和讨论以及反思环节，培养学生的语言智能、逻辑数理智能、内省智能和人际交往智能。力争使课堂教学内容丰富，课堂互动形式多样，突出学生的主体地位，关注学生个体差异，激发学生兴趣潜能，促进学生全面发展。

4.1.4 多元智能理论与英语教学的整合

(1) 开发认知能力，发展语言智能

众所周知，听、说、读、写、译是英语语言的五项基本技能，教师在"课堂内外"、"线上线下"混合式教学模式中，所有的教学活动无疑都是以每一位学生的发展为价值取向，规划一切可能的情景和行动以促进学生语言技能的学习和发展，激发学生的潜能，全方位多角度地开发学生认知能力，发展语言智能。

(2) 强化阅读训练，促进逻辑数理智能

逻辑数理能力涵盖数学、科学和逻辑三个领域，它主要指数学和思维方面的能力，包括推理和运算的能力。在高职英语教学中，阅读占据了相当重的分量，对听、说、写、译四项基本技能有积极的促进作用，想要阅读题得高分，必须具有广博的知识和很强的逻辑推理能力。对高职生进行阅读强化训练必定会大大促进他们的逻辑数理智能。

(3) 创建学生社团，提升学生多元智能

英语俱乐部、英语演讲社、英语才艺社等以学生自我管理、自我组织、自我服务为运行方式的群众性社团组织的创建，为学生的多元发展提供了实践舞台。在这里，学生们以学习和使用英语为载体，寓学于乐、寓学于玩；目标是提高英语水平，增强交流能力；以"英语交流、培养兴趣、拓宽视野、提高能力"为宗旨，面向全院师生提供服务和展示才艺，对空间智能、肢体运作智能、音乐智能、人际智能和内省智能有极大的促进作用。

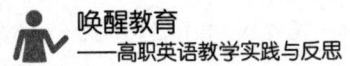

4.2 心理学理论

心理学英文 psychology 是由两个希腊文字:"psyche"和"logos"组成。"psyche"的含义为"心灵"、"灵魂";"logos"为"解说"、"讲述",两者组合在一起意为关于灵魂的科学。它由基础心理学和应用心理学两大领域构成,是一门探究人类心理现象、精神功能和行为的科学,是通过对人的外显行为进行系统的观察、描述及分析,来解释人的心理活动规律。

心理学是探究影视课件创作和学习者观赏心理的基础。

(1) 教育心理学

教育心理学是心理学的一个分支,属于应用心理学范畴,其研究对象是教育和教学情境中学生的心理活动及发展规律,揭示在教育、教学影响下,学生掌握知识技能、发展智力及其个性形成等的心理规律;研究形成道德品质的心理特征、教育和心理发展的相互关系以及师生、生生间相互影响的心理因素等。

学习情景环境的设计和有效教学是目前教育心理学的两个重点研究内容。"互联网+"时代下,传统教学理念、思维和模式已无法有效激发学生的学习兴趣,如何应用教育技术对课程的内容结构、表现形式、实施手段进行设计,从而达到对学习情景环境的优化,以适应"信息"型认知结构发展的需要,使实施个性化的教学成为可能;如何充分发挥教育技术在学生自主学习、主动探究、协作交流等方面的优势进行有效教学,努力培养具备独立思考能力、持久的毅力、探索、创新及合作精神的创新型人才,这是每个教育工作者需要探究的问题。

学习与教学有三种过程模式：学习过程、教学过程及评价和反思过程。学习过程，是指学生在教学情境中通过与教师、同学以及教学信息的相互作用获得知识、技能的过程；教学过程，即教师通过设计教学情境、组织教学活动、和学生进行交流，引导学生理解、思考、探索和发现的过程；评价和反思过程虽是一个独立的成分，但始终贯穿在整个教学过程中。包括教学前对教学设计效果的预测、教学中对学情反馈的分析以及在教学后对接受效果的检验。

（2）影视心理学

影视心理学是心理学的一个分支，属于应用心理学范畴。它涵盖普通心理学、大众传播学、影视艺术学、影视技术学、美学等多个学科内容，属于社会科学和自然科学性质交叉的多元化学科，是一门依托心理学基础理论和知识，探究创作、传播、观赏过程中的所有心理活动和行为规律的科学。影视心理学在视觉艺术的心理效应下研究学生学习的心理状况，在某些方面与教育心理学有着"殊途同归"之处。

影片《肖申克的救赎》中，男主角安迪在一个雷电交加的夜晚成功越狱后，挥起双臂、仰天大笑，滂沱大雨伴随着闪电、雷鸣淋透他的头发、全身，仿佛在为他冲刷着19年冤狱生活的屈辱，仿佛在为他失去的青春、事业、所受到的身心折磨而呐喊！而安迪竟是如此享受眼前的空旷、自由、宁静，也许他的内心在喊，让暴风雨来得更猛烈些吧！此刻影片的背景音乐由先前的压抑变为最终的爆发，正好映衬了安迪的心路历程，将影片情节推向高潮，激起受众对影片情节的共鸣，从而真正地理解这部影片：不忠的妻子、奸诈的律师、误判的法官、凶暴的狱警、贪婪无耻的典狱长，使正处而立之年的银行家安迪一下子从人生的巅峰坠入了人间地狱——固若金汤的肖申克监狱，并将在那里度过余生。目睹了狱中的腐败，安迪自知唯有越狱才是生路，19年坚持不懈的努力最终为自己赢得了新生！这段配乐朴实无华，自然而然地融入故事的情节之中，深化了主题。

音乐作为一种艺术形式，有助于受众审美能力及情操的培养，使受众的心理素质和思想境界得以提升乃至升华，促进人格的健全发展，从而实现人才培养的终极目标。安迪的坚毅、睿智、自尊自爱及和命运的抗争精神，定会给受众留下深刻的印象！而其在绝境中的抗挫能力，在巨大危险面前敢于尝试的非凡心态，都是值得当今学子们学习的地方。强大的抗打击能力和超人的逆商是现代社会的生存法宝之一，即面对失败毫不在意，坚信如果一步步前行的话定能达到意想不到的高度！其实人生中的困境、痛苦、失败都是在为未来某个更大的目标在做准备，如果拥有了这样的心胸，近年来发生的大学生学费被骗后，或猝死或溺亡的惨痛现象便不会发生；如果达到了这样的境界，那么在承受住打击之后，依然会热爱生活，依然会热爱这个并不完美的世界。

电影以数小时或数分钟的时间对时空压缩，描述一种生活状态，蒙太奇音乐在该过程中，起到人体对外界感知的一个重要的介质的作用。在影像过渡的转接中音乐起到了连接的作用；在时空跨越的切换中，音乐起到了填补空白的功能。虽然声音随生即灭，但它却可以通过耳朵直接触及心灵，引起受众的同情共鸣。

电影中有音乐的片段往往预示着重要情节的出现，音乐作为一种生动、独特的表现形式，具有丰富的表意功能，它的最高境界便是思想的表达：既能概括电影的主题思想，又能反映作者对人物、事件的态度，还可以展现影片人物难以言表的情感。

音乐蒙太奇意为将音乐作为纽带组接一系列镜头，并同时赋予这些镜头以镜头之外的含义。实际上，此时的电影音乐正承担着结构影片的功能。音乐蒙太奇铺设了一个美学的平台，而蒙太奇在电影音乐中有着不可取代的作用。通过情感、审美、心理等方面知识的渗透，音乐蒙太奇成为一种心理塑造和心智培养的手段。

影视课程编导理论的基础是教育心理学和影视心理学。经研究发现，影视的形式手法和心理元素存在以下关系：镜头的移动或转换对应注意力的移动或转换；特写是提示特别关注某人某物；切回、闪回对应的是记忆这种心理行为，或者对应幻觉和想象；省略对应的是联想或暗示的心理机制。影视课程正是通过多种形式和手法的应用以及调动影视的全部要素，唤起受众各种情绪，引发受众的认同感、共鸣感，在良好的氛围中将知识潜移默化的传授给各个受众。

（3）*心理学流派*

影视研究和心理学结合是20世纪文化、科学的表征和本质。与影视相关的心理学流派大致有以下几种。

格式塔理论

格式塔是德文Gestalt的音译词，意指形式或形状，通常将其直译为"格式塔心理学"或意译为"完形心理学"。格式塔心理学诞生于20世纪初期的德国，其研究目标是"形"或"整体"，即人的经验中的一种组织或结构；研究资料是人们所说的现象。这个整体有许多特性，而这些特性不属于某一部分，而是在各部分构成整体时新生出来的。

格式塔心理学趋完形律的主旨思想指一切心理现象中的整体都先于部分且大于部分之和，且决定各部分的性质。格式塔心理学认为意识经验自成"格式塔"（即完形），强调感知过程中主体的能动性，反对分析心理现象的各元素。

依据格式塔心理学的观点，受众观影时不仅产生了视觉暂留的生理机制，而且凭借自身的感知、注意、联想、想象、情感、理解，凭借把各个画面构成动作整体的心理过程，凭借对形象与情景的再加工、再创造，来接受电影信息，这是一个包括感知、思维、想象、情感等多层次因素的心理活动。影视是一门视觉感知的艺术形式，受众进行视觉感知时伴随的视觉思维能力是一个复杂的心理活动过程，它可以填充视觉对象的部分残缺与变化，可以将所视对象转化为符合自身经验的心理结构，因而从心理学的角度看，电影并不存在于胶片上，也不存在于银幕上，而是存在于观众的心理中。影视艺术的感染力来自间接效果——受众通过切身感受，自己补充（填空）得出结论。

精神分析理论

弗洛伊德和荣格是精神分析学说的主要代表人物。毫无疑问弗洛伊德及其精神分析理论是20世纪对人文科学及各种艺术创作极具影响力的学说之一。弗洛伊德"人格结构论"认为，人的心理层次可分为自我、本我、超我，它们彼此交织、相互协调统一，主体"人"才能正常地生存在社会上；一旦它们之间发生内讧而又无法相互作用达到平衡，将导致主体"人"产生心理问题或疾病。最低层次的本我，指人与生俱来的原始欲望，不受所有外在的习俗、法规及道德规范等的制约，仅遵循"快乐原则"；遵循"现实原则"的自我，处于本我和超我之间，依据外在的道德、法律等来约束自我，防止主体"人"超越社会底线，是意识的"守门人"。最高层次的超我是道德化了的自我，遵循"至善原则"，它的作用在于引导自我抑制本我的冲动，以愧疚感或悔罪感来持续规范偏离道德准则和理想的行为。三者相互作用、彼此交融，最终表现为主体"人"的个人行为。

弗兰克·威廉·阿巴内尔作为一个成功的制假大师，毫无疑问是一个不折不扣的传奇人物。根据他的自传拍摄的电影《猫鼠游戏》几乎完美地再现了弗兰克富有传奇色彩的前半生。影片中的弗兰克是一个刚过十七岁生日的少年，在校就读期间，曾为了报复欺负他的男生而扮作授课教师给该班学生上课一周，布置作业并召开家长会和组织各种活动，其超常的胆识和心智那时就可见一斑。在父亲破产与母亲离异后，弗兰克因痛心疾首而离家出走。作为一个思维异常缜密且具有敏锐观察力的诈骗犯，在短短两年的时间里，弗兰克利用高超的伪造技术和非凡的口才成功地"客串"了医生、律师、某大航空公司的飞行员等重要人物，骗取钱财无数且获得信任满满，并且免费周游世界各地，活得潇洒快活、风光无限。而最出彩的还是那一手伪造支票的绝活，据统计，仅几年时间，弗兰克便诈骗高达400多万美元。当弗兰克在法国被捕时，有12个国家希望引渡这个令人咬牙切齿的诈骗犯。弗兰克利用自己的聪明才智戏弄FBI探员卡尔，屡次在卡尔精心策划围捕他时从卡尔的眼皮底下顺利逃脱。鉴于弗兰克年纪轻轻胆大妄为的恶劣行径，他被FBI列为头号通缉犯——有史以来年纪最小的头号通缉犯。这些可以说反映的是弗兰克的本我。

在行骗期间，弗兰克极其理性，即使行将大婚，用的仍是假名字。最后被追查他5年的卡尔抓获，这是因为他俩的多年较量使彼此在猫捉老鼠的游戏中渐渐了解了对方：卡尔掌握了他的一切行踪，了解他的爱好和情感状况，深知弗兰克的弱点，明白他的习性，读懂了他的孤独（每个圣诞节弗兰克都无家可归，无人联系。母亲离家后，他父亲甚至知道他唯一的儿子弗兰克一直以诈骗为生后都对他不理不睬；父亲深陷事业、家庭的失败中无法自拔，对他的行径听之任之放任自流），然后便上位成了游戏中的主导，最后终于将对方绳之以法。在整个博弈过程中，卡尔的智商和弗兰克是无法相比的，但在心智上却遥遥领先于弗兰克。弗兰克的被抓某种程度上反映了他渴望像正常人一样生活的心理变化（弗兰克曾当面恳求他的父亲请他阻止他的诈骗行为；想安定下来和女护士结婚过普通人生活），他是自发选择放弃理智的：在他母亲成长的法国小镇被捉时，弗兰克明知外面没有警察却束手就擒，完全是出于对卡尔的信任，在情感的驱使下，弗兰克丧失了理智；在FBI就职后的一个周末，发现已失去卡尔注意力的弗兰克在百无聊赖之下本欲离开，但在星期一十二点之前，弗兰克最终没有辜负卡尔的期望又回到自己的工作岗位，开始了新的工作和生活。这些描述的是弗兰克的自我。

弗兰克的超我表现在他内心对亲情的渴望，对家庭无限的爱恋上。卡尔对他的评价"He is just a kid"是最真实可信的。面对母亲对家庭的背叛弗兰克依然爱她，对于父亲这个诈骗"引导者"弗兰克依然尊敬和崇拜他，对于父母离异、家庭破碎给自己带来的心理伤痛，弗兰克毫无怨言，依旧对父母充满了真爱，并傻傻地认为，只要自己挣来足够的钱，母亲就会重新回到父亲怀抱，他的家还会像以前一样幸福。因为弗兰克是个孩子，所以他期盼像其他的孩子一样拥有幸福的家庭，这个家庭可以不富裕，可以没有大房子，但是一定要有爸爸妈妈；因为是个孩子，所以在圣诞节的时候想起爸爸妈妈在圣诞节相识的场景，弗兰克从飞机上逃出来不顾一切地跑到原来属于他家的落地窗前，凝视着这个原来充满欢乐，现在却变为母亲和父亲好友的住所的"家"，此刻他的心一定是流着泪的。而当弗兰克同母异父的小妹妹出现在弗兰克面前的时候，小妹妹的天真，和这个饱经风霜的哥哥形成了鲜明的对比……人不怕堕落、不怕伤痛，只怕失去信念心灵无所寄托，当亲眼目睹想要挽回和保护的都已不复存在的时候，弗兰克在母亲、继父和同母异父的妹妹的目光注视下跟着卡尔回到了监狱。

这部电影用倒叙与插叙交替的方式来讲述这个传奇故事，应用了多种蒙太奇手法进行烘托，清晰地刻画了弗兰克的人格结构，描述了他与自己冲突（想过正常人的日子，但无法改变颠沛流离被人追捕的命运），他与他人的冲突（骗人成为他的生存手段，而被骗者自然恨之入骨），他与社会的冲突（仅五年时间，弗兰克便诈骗高达400多万美元。当弗兰克在法国被捕时，有12个国家希望引渡这个令人咬牙切齿的诈骗犯）。富有喜剧色彩的剧情使受众深刻地认识到一个健康、幸福的家庭环境对孩子的成长多么至关重要，身陷当今社会离婚大潮中的为人父为人母者们，请再次对自己的决定慎重考虑，肩负起自己应尽的责任。

荣格主要有情结理论和心理结构理论。荣格的心理结构理论和弗洛伊德的心理结构理论不同，荣格认为心理结构由意识、个体潜意识、集体潜意识三部分组成。意识是处于自我控制之下的，包括思维、情感、感觉、直觉四种心理功能的一个独立的、统一整体的发展过程，其目的是尽可能认识自己、实现自己，意识的核心是自我；个体潜意识指脱离意识而变成潜意识的经验、思想和记忆，这些内容无关紧要，无需记忆。所谓集体潜意识，是指世代遗传下来的祖先经验的积淀，不知不觉中影响大家的行为，人类据此做出特定反应的先天遗传倾向。荣格与弗洛伊德在心理结构方面的分歧表现为对心理结构的不同划分、对潜意识、自我观的各异理解、对心

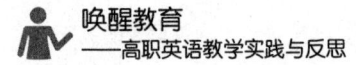

理结构的发展问题及心理结构动力源的不同看法。

荣格认为情结是由于创伤的影响而分裂开来的心理碎片，它干扰意志，搅乱意识，影响记忆和阻碍联想，能在短时间里经由潜意识影响言谈与行动。情结的产生归因于集体潜意识。在影视课件中对学习者的情结分析可以使课件内容更适合学习者的心理期待，满足大家内心情结的需要。

影视类素材课件创作的最高目标是希望可以触发学习者内心深处的共鸣，寻求一种人与人之间"契合"的过程。人类的学习是一种异常活跃、深度内省的过程，且由于人和人之间先天和后天存在诸多不同因素而差异显著。电影作为一种艺术形式之所以受到一代又一代受众喜欢并不断发展、创新、得以传承的根本原因在于它的某个观点与受众相同，使之发生内省、产生了震撼。影视课件理论从分析影视受众心理入手，探究学习者的敏感度和兴奋度，贴近学生的生活经历，利用高新技术、综合各种艺术形式和手段，制造强烈的视觉冲击，降低内容复杂度，提升移情效应，全方位、多层次、多维度地呈现知识体系，激发学习者强烈的学习兴趣，提高学习成效。

根据视听教学理论，大家可以知道网络影视课件属于"经验之塔"里"观察的经验"类别里第7层次的电影、电视范畴。虽然学生通过影视获得的主要是间接经验，但影视独特的选材更利于学生注意观察事物的重点部分；其次，它们具有即时重现过去、呈现现在和预演将来的功效，一定程度上也能弥补间接经验的不足；另外，影视能借助各种技术手段帮助学生在极短的时间里观察到微观或宏观的景象，既展示事物表面，又剖析内部结构，既能使快速变化运动的过程趋缓，又能把缓慢变化的过程加速，为学生学习提供独特途径。

制作影视课件时，要把相应的知识点跟替代经验，即影视展示的事件过程、事物现象等很好地结合起来，通过画外音或字幕等方式使受众获知不能直接获得的经验。影视课件利用声音、色彩的变化以及各种特技、镜头剪辑和蒙太奇技法等，浓缩时空，虚拟现实，可以更集中、更生动地呈现各种事物的形态、运动和变化过程；它既可弥补学生直接经验的不足，又能实现高效学习，这对优化教学内容，提高学生学习兴趣，增强教学效果和扩大教学规模起重要作用。

进行网络影视课件创作时，要借用影视艺术手段，利用人的贪婪、好斗、爱财等性格弱点，设计剧情和事件场景，让学习者随着影视镜头进入到未曾涉足的空间，在梦幻世界里做从未做过、从未敢做的事情，使学生在虚拟空间中得到满足和释放，从而达到教学目的，完成网络"教学设计"。

科技的进步是电影、电视和心理学融合成为20世纪文化表征的一个根本的物质形态的推动力量，即影视和心理学的发展同现代科技的进步密不可分，三者并行发展、相互交织。心理学的研究有助于通过技术机制使影视结构紧密与人的心理结构达成契合，将影视元素和心理元素引入到教学当中，可以完成从课堂到影视、从未来空间到现实空间、从现实到古代以及动物与人之间等的无痕迹转换，反映问题更加真实化、可视化、形象化和陷入化。

应用"影视课件"学习，灵活便捷，合理利用了碎片时间，体现了信息时代的学习特征，给各类学习群体带来勃勃的学习生机，这就是新媒体下思维的概念。"网络影视课件"是网络影视课程编导学理论的实践载体，在吸引学生注意力、激发其兴趣度和提高其记忆率方面都占据绝对优势。

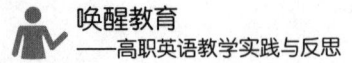

4.3 建构主义理论

4.3.1 理论内容

图式是建构主义理论的一个核心概念和人类认识事物的基础，它是人的大脑中已有的知识经验的网络。它代表个体对世界的知觉理解和思考的方式，即心理活动的框架或组织结构。图式的形成和变化是认知发展的实质，而认知发展受三个过程的影响：同化、顺应和平衡。建构主义理论的主要代表人物为皮亚杰、科恩伯格、卡茨、斯腾伯格和维果斯基。此理论认为个体的认知发展与学习过程密切相关，知识需要在一定情境下，借助他人的帮助，利用必要的学习资料，通过意义构建的方式获得。该理论强调学习要以学生为中心，学生要主动探索、主动发现和主动建构知识。

同化原为生理学概念，指食物在体内的消化过程。建构主义理论中同化，是指学习个体对刺激输入信息的过滤或改变过程，也就是说个体在感受外界信息刺激时，如何把它们纳入头脑中原有的图式之内，使其成为自身的一部分的过程，同化改变的是认知结构的数量。顺应是指外部环境发生变化，而原有认知结构无法同化新环境提供的外界信息时所引起的个体认知结构发生重组与改变的过程，即个体的认知结构因外部信息刺激的影响而发生改变的过程，它改变的是认知结构的性质。平衡是指学习者个体通过自我调节机制使认知发展从一个平衡状态向另一个平衡状态过渡的过程。

学习者个体通过同化与顺应这两种形式来达到与周围环境的平衡：当能用现有图式去同化外界新信息时，它处于一种平衡的认知状态；而当现有图式不能同化新信息时，平衡即被破坏，而修改或创造新图式（顺应）的过程就是寻找新的平衡的过程。个体的认知结构就是通过同化与顺应过程逐步建构起来，并在"平衡——不平衡——新的平衡"的循环中得到不断的丰富、提高和发展。

4.3.2 教学思想

建构主义所蕴涵的教学思想主要反映在知识观、学习观、学生观、师生角色的定位及其作用、学习环境和教学原则等六个方面。

建构主义的知识观在一定程度上质疑知识的客观性和确定性，强调知识的动态性。该理论认为知识只是一种解释、一种假设，不是问题的最终答案，它会随着人类的进步出现新的假设。建构主义的知识观虽然有些激进，但它向传统的教学和课程理论提出了挑战，值得从教者们深思。

建构主义的学习观认为学习是由学生根据自己的经验背景，自行建构知识的过程，这个过程必须由本人自发主动地对外部信息进行选择、加工和处理完成，而不是简单被动地接受输入信息。在这一过程中，学习者原有的知识经验因为新知识经验的涌入而发生调整和改变，同化-顺应-同化-顺应……循环往复，平衡-不平衡-平衡-不平衡……相互交替，人类认知结构的发展就是这样一个螺旋式的上升过程。

建构主义的学生观认为，学习者进入学习情境中时，会基于以往的经验，依靠自身的认知能力，形成对问题的解释，提出他们的假设。因此，从教者应当把学习者原有的知识经验作为新知识的生长点，引导学习者从中滋生出新的知识经验，即所谓的温故知新。该理论既重视个体的自我发展，也认可外部引导的作用，即教师对学生的影响意义。

建构主义认为教师应该是学生建构知识的忠实支持者、积极帮助者、热情引导者、耐心辅导者和高级合作者。教师通过设置创造性的教学活动情境，激励学生对问题解决的多元观点，帮助学生建构当前所学知识的意义。学生应该是教学活动的主动参与者和知识的积极建构者，要承担更多的自我管理学习的责任，作自己学习的主人。建构主义所倡导的教学是逐步减少外部控制、增加学生自我驾驭学习的过程。

建构主义认为，学习者是在一定情境下，借助人与人之间的协作、交流等，通过意义的建构而获得知识的。理想的学习环境应当包括情境、协作、交流和意义建构四个部分。在教学设计中，创设有利于学习者建构意义的情境是最重要的环节：譬如创设符合教学内容要求的情景并提示新旧知识之间联系的线索；或者尽可能组织协作学习，展开讨论和交流，并全程进行引导，使之朝有利于意义建构的方向发展等方式。建构主义认为协作应该贯穿于整个学习活动过程中，师生协作和生生协作对学习资料的收集与分析、假设的提出与验证、学习进程的自我反馈和学习结果的评价以及意义的最终建构都有十分重要的作用。而交流是协作过程中最基本的方式，更是推进每个学习者学习进程的至关重要的手段，换言之，协作学习的过程就是交流的过程。意义建构是教学过程的终极目标。所谓帮助学生建构意义，就是要在学习过程中帮助学生对所学内容反映的事物的性质、规律以及该事物与其他事物之间的内在联系达到较深刻地理解。

建构主义的教学原则注重学习任务的实用性和真实性。该理论提倡，在课堂教学中使用真实的任务和日常的活动或实践，旨在整合多重的内容或技能，为了帮助学习者能够更快速、更有效地投入并适应世界的学习大潮中。教师要设计支持和激发学生思维的学习环境，给予学生解决问题的自主权；或设计学生在学习结束后从事有效行动的复杂环境,鼓励学生在社会背景中检测自己的观点。教师的教学目标要接地气,应该与学生的学习环境中的目标相吻合,应该使学生感到教师确定的问题就是他们本人的问题。教师要鼓励学生对所学内容与学习过程进行反思,发展学生的自我控制能力,使其逐步成为独立的学习者。

4.3.3 模式方法

建构主义理论所倡导的教学模式为:在整个学习过程中,以学生为中心,学生基于教材所提供的知识主动建构意义,学生是知识意义的主动建构者;教师在教学过程中起组织者、指导者、意义建构的帮助者和促进者的作用,并利用情境、协作、会话等学习环境要素充分调动学生的主动性、积极性和创造性,最终促成学生有效地实现对当前所学知识的意义建构的目的。媒体是用来创设情境、进行协作学习和会话交流,即作为学生主动学习、协作式探索的认知工具,而不再是帮助教师传授知识的手段、方法。

在建构主义的教学模式下,目前已开发出的、比较成熟的教学方法主要有以下几种。

(1) **支架式教学**(Scaffolding Instruction)

支架式教学,是依据前苏联著名心理学家维果斯基的"最近发展区"理论而提出的教学构想。支架原指建筑行业中的脚手架,此处特指一种教学方式:学习者被看作是一座建筑,所谓的"学"是在主动地、全方位积极建构自身的过程;教师的"教"则是一个必要的脚手架,帮助学生不断地建构自己,并激发创新能力。维果斯基认为,在测定学生智力发展时,应至少确定两种发展水平:一是学生现有的发展水平,一种是潜在的发展水平,"最近发展区"为介乎于这两种水平之间的区域。施教时应从学生潜在的发展水平着手,层层递进创造新的"最近发展区",而"支架"也应根据学生的"最近发展区"来建立,通过支架作用不停地将学生的智力从一个水平引导到另一个更高的水平。

(2) 抛锚式教学(Anchored Instruction)

抛锚式教学,亦被称为"实例式教学"或"基于问题的教学"或"情境性教学",这是由于这种教学要求建立在有感染力的真实事件或真实问题的基础上(作为"锚"),而确定这类真实事件或问题被形象地比喻为"抛锚",因为一旦这类事件或问题被确定了,整个教学内容和教学进程也就被确定了(就像轮船被锚固定一样)。建构主义认为,学习者要想完成对所学知识所反映事物的性质、规律以及该事物与其它事物之间联系的深刻理解,最好的办法是让学习者到现实世界的真实环境中去感受、去体验,即通过获取直接经验来学习,而不是聆听教师关于这种经验的介绍和讲解。

(3) 随机进入教学(Random Access Instruction)

由于事物的复杂性和问题的多面性,往往从不同的角度考虑可以得出不同的理解,因此,要真正达到对所学知识的全面而深刻的意义建构是很困难的。随机进入教学指的是对同一教学内容,在教学中注意要在不同的时间、不同的情境下、为不同的教学目的、用不同的方式加以呈现。换言之,学习者可以随意通过不同途径、不同方式进入同样教学内容的学习,从而获得对同一事物或同一问题的多方面的认识与理解。学习者的每次进入都有不同的学习目的和问题侧重点,通过多次进入同一教学内容将对该知识内容达到比较全面而深入的掌握。而这种多次进入的结果,绝不是为了巩固一般的知识、技能而实施的简单重复和巩固，而是使学习者实现对事物全貌的理解与认识上的飞跃。

4.3.4 教学设计

(1) 强调学生是学习的主体

建构主义认为围绕以下三个方面努力可以实现以学生为中心：在学习过程中充分调动学生的主动性，激发学生的创新精神；让学生有多种机会在不同的时间和不同的情境下去应用他们所学的知识，即将知识"外化"；使学生具备根据自身行动的反馈信息来形成对客观事物的认识和解决实际问题的方案的能力。

(2) 强调情境对意义建构的重要作用

建构主义认为，学习脱离不了一定的社会文化背景即"情境"。在实际情境下进行学习有助于学习者利用自己原有认知结构中的有关经验去同化当前所遇到的新知识，从而赋予新知识以某种意义；如果原有经验不能同化新知识，则要引发顺应过程，即对原有认知结构进行改造与重组。同化与顺应是对新知识意义建构的两种重要途径。在传统的课堂教学中，由于无法提供生动、鲜活的实际情境，因而将使学习者对知识的意义建构发生困难。

(3) 强调协作学习对意义建构的关键作用

建构主义核心概念之一认为，学习者与周围环境的交互作用对知识意义的建构起着决定性的作用。学生们在教师的组织和引导下建立起学习群体，一起思考、讨论和交流各种理论、观点、信仰和假说。先内部协商（即自身先明确自己的立场和观点），继而再相互协商（即就当前问题摆明各自的看法和论据并对别人的观点作出分析和评论）。通过这样的协作学习模式，教师和每位学生都可以分享学习者群体的思维与智慧，即整个学习群体共同完成对所学知识的意义建构。

(4)强调对学习环境的设计

建构主义认为，学习应该是主动与自由的，因此，学习环境必须营造成学习者可以在其中自由探索和自主学习的一个场所。在和谐自在的氛围中，学生可以通过各种途径和信息资源来实现自己的学习计划，自主完成意义建构。在这一学习过程中，学生不仅能得到教师的帮助与支持，而且彼此之间也可以协作和互助。

(5)强调利用各种信息资源支持学生"学"

为了帮助学生主动探索和完成对新知识的意义建构，在学习过程中，教师要为学生提供各种信息资源支持学生的自主学习和协作式探索。教师要传授给学生对于信息资源应如何获取、从哪里获取，以及如何有效地加以利用等知识，也即所谓授予"渔"而非"鱼"也。

(6)强调学习过程的最终目的是完成意义建构

建构主义理论是把学生对知识的意义建构作为整个学习过程的终极目标的。鉴于此，它的整个教学设计过程紧紧围绕意义建构这个中心展开，从如何创设有利于学生意义建构的情境开始，不论是学生的独立探索、协作学习还是教师辅导，总之，学习过程中的一切活动都要从属于这一中心，都要有利于完成和深化对所学知识的意义建构。

4.4 人本主义理论

人本主义心理学（Humanistic psychology）于20世纪50-60年代在美国兴起，70-80年代迅速发展，该学派的主要代表人物是马斯洛（1908-1970）和罗杰斯（1902-1987），该理论强调人的尊严、价值、创造力和自我实现，把人的本性的自我实现归结为潜能的发挥。人本主义最大的贡献是看到了人的心理与人的本质的一致性，人本主义心理学就是促进人的自我实现的理论。

1943年，美国心理学家亚伯拉罕·马斯洛在《人类激励理论》论文中提出了需求层次理论，该理论将人类需求像阶梯一样从低到高按层次分为五种：生理需求（Physiological needs）、安全需求（Safety needs）、社交需求（Love and belonging needs）、尊重需求（Esteem）和自我实现需求（Self-actualization）。

生理需求级别最低，也被称为最具优势的需求，如：食物、水、空气、性欲、健康；安全需求同样属于低级别的需求，包括人身安全、生活稳定以及免遭痛苦、威胁或疾病等；社交需求属于较高层次的需求，如对友谊、爱情以及隶属关系的需求；尊重需求属于较高层次的需求，如：成就、名声、地位和晋升机会等。尊重需求既包括对成就或自我价值的个人感觉，也包括他人对自己的认可与尊重；自我实现需求是最高层次的需求，包括对于真、善、美至高人生境界获得的需求，只有前四项需求都能满足，最高层次的需求方能相继产生，属于一种衍生性需求，如：自我实现，发挥潜能等。这五种需要又可以分为两级，其中生理上的需要、安全上的需要和感情上的需要都属于低一级的需要，这些需要通过外部条件就可以实现；而尊重的需要和自我实现的需要是高级需要，它们是通过内部因素才能满足的，而且一个人对尊重和自我实现的需要是无止境的。同一时期，一个人可能有几种需要，但每一时期总有一种需要占支配地位，对行为起决定作用。任何一种需要都不会因为更高层次需要的发展而消失。各层次的需要相互依赖和重叠，高层次的需要发展后，低层次的需要仍然存在，只是对行为影响的程度大大减小。

马斯洛的人本主义心理学是他需求层次论的理论基础，该理论认为内在价值和内在潜能的实现是人的本性，人的行为是有目的性和创造性的，并受意识支配。

卡尔·罗杰斯（Carl Rogers）是美国著名的心理学家、心理治疗专家和教育改革家。他是继马斯洛之后的又一位人本主义心理学家，其理论的核心是强调对人的尊重、人的价值、情感、自我实现、人际关系、人在现实生活中产生的真实感受、体验和经验等等。作为人本主义心理学最有影响的代表人物之一，罗杰斯以其独特的视角提出了人格的自我实现理论和以学生为中心的教育观。

自我的理论是人格理论的核心，也是罗杰斯人本主义教育理论的基础。罗杰斯认为，个体是完整的有机体的存在，是一切体验的发源地，且在自我实现倾向的驱使下成长与发展，其结果就是"自我""自我概念"的发展、扩充及实现。在罗杰斯的理论中，"自我"是一个很重要的概念，他认为人在早年通过大量的经历和体验而逐渐产生了"自我"的概念。有了"自我"概念之后，就会产生自我意识，个体在产生自我意识之后不久便产生了积极关注的需要和自我关注的需要，前者是指对温暖、友爱、关怀和尊敬的需要，后者则指自信、自尊和自我价值感的需要。自我概念有两种：一种是真实的自我，是较符合现实的自我形象；另一种是理想的自我，是一个人期望实现的自我形象。罗杰斯认为，自我概念是在个体与环境相互作用的过程中形成的。

在其人格理论中，罗杰斯提出了"机能健全的人"的特征：①经验的开放性。对一切经验采取开放态度，个体毫无拘束地体验所有的情感和经验，不封闭自我；②存在主义的生活方式。对生活有着清新感，生活于存在的每一瞬间；③信任自己的机体。健康的人格犹如一切资料都程序化了的计算机，并不徒劳地思虑所面临的每一件事情，但是他们考虑问题是全面的，并且能对行动的过程迅速做出决定；④富有自由感。机能健全的人是"意志自由"的人，他们的决定都是出自个人的意愿，而不是受外部的强制或内部的压抑。他们能享受到生活的个人权力感，相信未来是自己决定的；⑤高度创造力。这种人富有创造和创新能力，而不是遵循或者消极适应社会和文化传统。

罗杰斯对人性的看法是很积极的，他认为人是向善的，人是可以改变的。他认为人的基本属性在自由发挥作用时是建设性的，可以信赖的；所有的人都有一种内在的需求，这就是生长、生存和自我完善；他认为人在可怕的环境中不仅求生存而且求发展，他称之为自我实现的倾向和潜能。罗杰斯的人性观有以下几点：①每个人都具有自身的尊严和价值，因而是值得尊重的；②每个人都有通过自己的努力达到自我实现的能力和权利，并且只要给其机会，都能做出明智的判断；③每个人都能够选择他们自己的社会准则；④每个人都能够学会建设性地承担社会责任；⑤每个人都有能力处理他们自己的感情、思想和行为；⑥每个人都有潜能发生建设性的变化和推进个人发展直到自我实现。

罗杰斯认为，如果一个孩子在其成长过程中，从父母那里得到了无条件的积极关注，不论他做什么父母都爱他，即使他做错了事，父母也一如既往地爱他、关注他和指导他，渐渐的他就会产生和谐的、积极的自我关注。反之，如果一个孩子在成长中得不到积极关注或得到的是有条件的积极关注：只有当他完全按照父母的要求去做（不论对错），父母才关心他，渐渐的他的自我就会扭曲，他就会对自己产生怀疑，就会以为自己不配得到积极关注。为了换取别人的关注，他就可能不断采取一些否定自身经验和观点的做法。可是当他这样做的时候，他就同时体验着一种对自己的否定。他想被外界关注的需要虽然得到了满足，但他自我关注的需要却受到了挫折，他内在的自我实现倾向也因此受到干扰，进而产生自我否定和扭曲。当一个人不是使用自己的评价观来评价自己的行为是否恰当，而总是用别人的价值观来评价自我时，他就产生了自我的不协调，这时候他就会感觉受到威胁，就会焦虑、混乱和不适应，于是他就采用自我防御机制去否认或歪曲他自身的经验，以降低对自我概念的威胁。那些为了得到别人积极关注，而被迫用别人的判断代替自己判断的人，较少相信自己的判断，不论取得多大的成功，他都只有较低的自尊，并且对自己是否能做出恰当的决定和选择缺乏信心，于是他不再相信自己的意见，而宁愿遵从他人的判断。

　　罗杰斯认为，每个学生都具备解决自身问题的能力和动机，教师的任务是创造一种恰当的教育气氛，采用有效方法去调动学生天性中解决自身问题的动机和能力，帮助他们重新发现自己、评价自己、认识自己内在的成长潜能，以此消除其自我概念上的不协调。

　　罗杰斯认为，教育关系和教育气氛是最重要的，基于对人的潜能和自我实现倾向的理论，他首创了以学生为中心的教育观，为实现这一教育理论，可通过以下教学方法实施：①无条件的积极关注。他认为，只有通过教师给予学生无条件的积极关注，学生才能建立积极的自我关注。教师的这种无条件积极关注对学生来说意义十分重大。教师的无条件积极关注使得学生能够自由表达自己的思想和情感，在这种表达过程中他不必担心被指责、嘲笑或教训，在教师始终如一的无条件积极关注下，学生渐渐重新发现自己，学会善待自己。学生开始抛弃过去曾用来面对生活的假面具和曾扮演的角色，开始寻找某些对他来说是更加本质，更值得尊重的东西，就这样学生学会了不再否认和歪曲自己的经验，学会了用自己的眼睛和判断而不是他人的眼睛和判断看待自己和世界。在这种无条件的积极关注中，学生的自我概念与经验之间的不和谐日益减少，和谐的成分日益增多。在教师的引导下，学生不仅能解决自己的问题，而且能发现并发展自己的潜能，教育使学生得以成长。教师要从学生的情感而不是问题入手，鼓励他们充分表达自己的情感、兴趣、思想和经验，对他们的潜能表示无条件的接纳、尊重和信任，鼓励他们自己做决定，鼓励他们接受并评估自己所做的一切，专注地倾听他们的表述，倾听中不断做出积极的回应。把学生当做一个能够解决自己问题的成人，能够做出符合自身现实、并有助于自我实现决策的成人。② 共情式理解。指教师能设身处地地去感受学生的观点。共情是一种移情，是一种双向过程。按照罗杰斯的观点，共情是指教师好像学生一样理解对方，同时又不忘自己只是好像对方而非真是对方，只有这样教师才能既保持对学生设身处地的理解，使其体会到一种尊重、体贴和善解人意的关注，又能保持对学生问题的辨别和区分，并与之进行讨论和交流。共情式理解不仅向学生提供了一个情感宣泄和释放紧张与压力的机会，而且帮助其客观而深入的自我了解和自我探索。当学生犯错或者遇到问题需要解决与面对时，也是他成长的最佳时机，在需要教师介入时，要了解事情的真相，看到学生的情绪和感受，再找到解决问题的最佳方式，这样会成为学生成长过程中一次不错的成长体验。③真诚与和谐。罗杰斯认为教育应是一种非指导的、以学生为中心的教育，而师生关系应为一种帮助、真诚、和谐、理解和尊重的关系。从一开始教师就要创造并维持一种没有威胁和焦虑的安全的气氛，教师的真诚有助于学生真实的、而不是防御式或歪曲式的感知自己的经验，而这正是提高学生自我和谐程度的前提。④聆听。真正的倾听，敞开心来听，调动每一个细胞来听，带着一种惊喜来倾听，带着好奇来倾听，带着没有判断来倾听，学生怎么讲你都很愉悦的听，很信任的听，真正的听他真实的需要，真正的听他真正的渴望，听他的心声。所以《庄子》才有一句话"勿听之于耳，听之于心，勿听之于心，听之于气"。带着好奇开放的心来听，让他每个和你的分享都有价值。教师耐心倾听，不时以"嗯"、"哦"等词回应，不急于做价值判断，不做褒贬，不企图改变对方，仔细捕捉对方表达时的语言和非语言信息，对学生的情感表示深入的理解，解释学生述说中表面的或潜在的意思，用这样一种积极的、有创造性的、敏感的、准确的而又善于共情的方法去倾听，必然能建立一种开放而又真诚的帮助关系。

按照罗杰斯的观点，如果一个教师在教育中能向学生提供上述四种教育态度或者说技术，那么学生就会渐渐从面具中走出来，学会真实的体验自己的情感，或在体验中重新发现自我，随后就会以一种开放的方式对待自己的经验，信任自己的感觉，重视当前的生活，并独自负责地对事件作出自己的判断。罗杰斯的以学生为中心的教育观对教师的最大启示是，那些差生大多属于那种缺乏关注、自我扭曲、处于自我防御中的人，他们的工作之所以难做，是因为他们不相信教师会接受他们发自内心的那些不正确的、丑陋的想法和意见，老师除了对他们批评还是批评。

第5章
教师成长

5.1 个人成长

人的成长不外乎三个方面：肉体、行为和精神。教师在肉体成长方面和一般人没什么两样，而教师的精神和专业行为两方面的持久成长必然促进教师的专业成长。教育理念和专业精神等是教师精神成长的关键因素，专业知识和专业能力等与教师的专业行为休戚相关。所谓成长就是认真诚实做好自己，实现自身真正价值的一个变得更好、更强、更成熟的变化过程。教师的专业成长就是教师在其专业领域不断发展和完善自我，并由专业新手到专家型教师的成长过程。

教师的精神成长是教师的专业成长的决定性因素，而教师精神成长和教师的职业价值观又息息相关，人文素养则对教师职业价值观的形成、职业生命价值的实现都有着重要的影响，所以教师的人文素养对教师专业成长具有重要的推动作用。

一是表现在人文素养是教师价值观形成的基础。一个具有深厚人文素养的教师往往有崇高的理想、强烈的社会责任感和历史使命感，乐于奉献，内心坚定。

二是表现在人文素养有助于教师职业生命价值的实现。深厚的人文素养会让教师在职业生涯中更容易实现自己的人生价值，增加职业幸福感。教师从职业中体验创造性的工作所带来的充实与幸福，在成就别人的过程中也成就了自己的人生，实现了人生价值的永存和人格的升华，体会到了生命的意义。

三是表现在人文素养有助于提升教师的教育教学水平。教师的人文素养对于正确认识教学目标，尊重学生的人格和权利，把握学生的个性化成长具有重要的作用。

光阴似箭，日月如梭，28年的从教生涯里，笔者体会到了与学生一起成长的幸福，既包括精神层面的成长，也涵盖专业行为方面的进步，也发现了教育的价值，感悟到了教育的魅力和力量。

笔者1992年7月毕业于山西师范大学英语系，同年以优异的成绩被分配到山西中医药大学英语教研室任英语教师，讲授大学英语和四六级英语考试辅导。1994年9月至1995年7月，在南开大学外语系研究生主干课程班就读，在职研修。1995年7月至2004年6月，在山西中医药大学外语教研室任教，讲授大学英语和四六级英语考试辅导。2004年7月调入北京农业职业学院外语教研室任教，讲授高职公共基础英语、行业英语及英语选修课。2014年3月至2017年1月期间于北京理工大学继续教育学院在职研究生班就读，并获教育技术学硕士学位。

哲人说，这世间唯一不变的就是变化。是的，学生的面孔在变，教材在变，教法在变，教学环境在变，我的年龄在增长，阅历在丰富，学历在提升，职称在增进。哲人又说，要在多变的世界里幸福地活着，人们需要有足够的不变的东西来应对一切可能的变化。

作为教师，笔者对职业的爱，对生活的爱，对学生的爱，对个人成长的渴求，从未变过！在山西中医药大学任教的12年期间，除了教书育人外，笔者利用业余时间自学中医，翻译了60万字译著《The Clinical Application of Double‑Point Acupuncture Moxibustion Therapy》（中医针灸对穴疗法临床应用），并于2008年在Victoria, BC, Canada（加拿大）出版，为把中国的瑰宝——中医展示给世界作出了贡献。

笔者2004年从山西中医药大学调入北京农业职业学院后，面对语言水平和思想素质都有待提高的高职学生，苦思冥想之后觅到了一种使语言学习和思想素质教育具有可溶性的教学模式——《英文经典影视赏析》选修课。

为什么要通过影视进行教学呢？这个源于笔者在南开大学学习时的一段亲身经历。在南开大学为期一年的学习中，笔者有幸遇到了许多知名教授，所学的课程有精读、泛读、文学、翻译、听说课等。我们的口语课老师是一位美国外教，每次课她都会给大家布置一些问题，然后让我们带着问题去看一些英文原版电影的片段，接着进行讨论。大家对这门课都兴趣盎然，讨论的时候争先恐后非常主动，每次课堂都是高潮不断此起彼伏。教育的职能是教人广泛地思考和批判的思维，外教精心的教学设计实现了教育的真正目标——智力加素质的齐头并进。对于这门课程，笔者是情有独钟，学的特别投入，课下把每个片子都要看好几遍，直到把内容全部吃透，真正的是应了那一点了——兴趣是最好的老师。结果一个学期下来，笔者的听说课考试成绩居然得了全班第一！这是笔者根本没有想到的！真的让笔者非常震撼，从此也迷上了影视教学。

《英文经典影视赏析》选修课利用影视片段进行语言教学能够营造一种外语气氛，使学生在这种半真实的语言环境中学习语言，了解目的语国家的文化，感受文化差异，从而增强语言交际能力和跨文化交际能力。这种融合语言于文化背景之中的外语教学手段不失为激发学生学习兴趣和热情，提高学生外语听、说、读、写、译综合能力的有效途径；同时，教师选取恰当的人物、故事情节进行思想教育，显得更生动、形象、有说服力，从而增强了教学的实效性，达成了教育的育人目标——智力加品格同行共进。多媒体的教学方法也更加贴近高职生此阶段思维跳跃性大、感性思维为主的认知特点，从而因势利导，在"抬头率"提升的同时，真正使教学内容达到"入耳、入脑、入心"，最终"入行动"的效果。相关研究表明，学习同一内容，单用口授的方式，学生听3个小时，只能理解60%；只让看，学生能理解70%；如果听、看、说并用，则能理解90%。

"教学有法，教无定法"。《英文经典影视赏析》选修课将学生置于非常有趣和有娱乐性的学习环境中，这意味着学生学习态度的根本转变：主动的转变为更加主动地学习；被动的转变为主动地学习。这种教学模式抓住了教育的主要矛盾，符合教育的规律，教会了学生批判性地去思考，培养了他们辩证思维的能力。马丁·路德·金认为："真正教育的目标是培养出有头脑、有个性之才。"

雅斯贝尔斯认为："教育是心灵对心灵的唤醒，要唤醒学生的心灵，教师的心灵必须先醒，要照料学生的精神成长，教师的精神必须先成长。"从这个意义上说，精神成长是教师必备的教育手段。

教师想要在精神层面快速成长，就要多读书、多反思、多实践。学习对于教师而言在专业成长的道路上尤为重要，一者学校的教育功能要求老师学会学习，二者知识迅猛更新，客观上要求老师必须学会学习。据研究人员测算，人类的知识目前是每三年就增长一倍，教师只有不断更新自己的知识结构，才能使自己的课堂永远跳动着时代的音符。

笔者2004年从山西中医药大学调入北京农业职业学院后，深刻感受到了高职院校和高校办学目的、教学方法及教学理念等方面的不同，认识到了自己在职业教育理论方面的知识欠缺和计算机信息化教学能力及技术手段方面的不足。2014年3月，笔者高分考入北京理工大学继续教育学院教育技术学在职研究生班，通过三年的苦学，在职业教育理论和信息化教学方面都有了显著的提高，为今后的从教生涯奠定了坚实的理论基础。教育家雅斯贝尔斯说："教育的本质意味着，一棵树摇动另一棵树，一朵云推动另一朵云，一个灵魂唤醒另一个灵魂。"可是灵魂与灵魂之间的相互唤醒谈何容易？这就需要我们老师常年如一日不断地学习、终身学习，全方位地提升自己，从各个方面各个角度影响和感化学生。一个成天精神不振，没有理想和追求的老师，怎么可能教出积极向上的学生？所以，教师的成长就是不断地发现更好的自己，不断地创造和展现更好的自己，让自己变得更优秀。自我反思是教师专业发展和自我成长的核心要素。教师通过对从教活动中所发生的行为以及由此产生的结果进行反复审视和分析，有助于个人自我的长足发展和提升。在教学实践中，教师要运用多元化的方法、手段和途径渗透人文精神，积极创设良好的人文环境，引导学生亲身体验、用心感悟那些高尚的情感，从平常事中体验到不平常的人文精神。

以下是笔者渗透人文教育实施人文关怀的教学案例之一：

2020庚子鼠年的春节注定是不同寻常的。为了打赢新型冠状病毒（2019-nCoV）肺炎防疫战，1月23日武汉实施封城，24日北京启动突发公共卫生事件一级响应机制后，全国31个省市也紧随其后提升疫情应急响应级别。在这一情形下，全国各大中小学被通知延期开学，一时间班级微信群里"炸了锅"，学生们恐慌异常。为了缓解学生们的紧张情绪，笔者制作了传染病相关的PPT，并通过云班课将学习资料发送给学生。在该PPT中，笔者选择了级别最高的一号病——鼠疫作为案例，让学生了解历史上记载的欧洲抗击鼠疫情况以及110年前智慧的中华民族是如何高效成功战胜疫情的。

通过学习，学生们认识到：地球上所有的传染病被分成三个等级：甲级、乙级和丙级。大家耳熟能详的非典、禽流感、埃博拉病毒等，都只属于乙级传染病而已。中国明文规定的甲级传染病只有两种：鼠疫和霍乱。鼠疫和霍乱之所以等级如此之高。是因为它们在人类的历史上曾造成了极为惨烈的灾难。而这两者间，鼠疫更是"王中之王"，是堪比核武器一样的存在！在世界所有国家卫生部的文件中，鼠疫都被列为第一号传染病，所以它又被叫做"一号病"。因鼠疫而死的人全身呈恐怖的黑紫色，故鼠疫又被称为"黑死病"。

据史书记载，鼠疫第一次爆发于公元542年的东罗马帝国。当时东罗马帝国每天有5,000到10,000人死亡，整个君士坦丁堡几乎被摧毁，鼠疫传播并肆虐了整个欧洲，导致欧洲南部人口减少了1/5。这次疫情持续了两个世纪之久，屡禁不绝，每隔几年就会爆发一次，总死亡人数达到了一亿人。

鼠疫的第二次爆发，是1348-1351年期间。短短的三年里，鼠疫横扫了整个欧洲，造成6,200万人死亡。欧洲总人口减少了1/4，其中威尼斯减少70%，英国减少58%，法国减少75%。三年大爆发结束后，随着患者的大量死亡，疫情有所减轻，但随着人口的恢复，欧洲每隔10年就会重新爆发一次鼠疫。1350-1400年，欧洲人的平均寿命从30岁缩减到了仅仅20岁，鼠疫的爆发一直到17世纪末才有所缓解，肆虐欧洲接近四个世纪，鼠疫的苦难深深的印刻在了欧洲文化上。

1910年，鼠疫传播到了中国，在东北大地上引发了一次极其惨烈的大灾难，也就是众所周知的"东北大鼠疫"。1910年10月25日，东北满洲里的一家客栈，一名客人突然暴死。死者先发烧，然后咳嗽，最后吐血，三日至五日的时间就因呼吸困难而死，死后浑身皮肤出现黑紫色。这是史料记载的第一例东北鼠疫病例。在随后的一个月里，这家客栈频繁出现客人暴死的现象，凶名大盛，无人敢住。正值春节，店主郭老十最后决定关店，回家过年。没想到回家不久，郭老十也突然暴毙身亡，家人为郭老十停尸5天，举办丧礼。最后，郭老十全家53口人，死了32口，全村其他人也在不断地去世，整个村几乎成了鬼村，到处都是黑紫色的尸体。郭老十的这种悲惨命运并不是个例，而是遍布了整个东北。1910年11月6日，哈尔滨的一位铁路工人突然高烧不退。1910年11月8日，工人死亡，被确诊为鼠疫。哈尔滨成为第一个被感染的东北大城市。随后，疫情像烈火一样席卷了整个东北。1910年11月中旬，哈尔滨每日死亡人数为数例。1910年12月初，哈尔滨每日死亡人数达到一百多人，彻底沦陷。1911年1月初，长春沦陷。1911年1月中期，沈阳沦陷。仅仅20多天，鼠疫就传遍了整个东三省，平均每月死亡一万人，很多家庭都是举家暴毙，直接被病菌灭门。更可怕的是，当时的东北是全中国的工业中心，建立了全中国最发达的铁路网络，疫情可以沿交通线迅速蔓延。临近春节，很多闯关东的人要回关内过节，一旦鼠疫越过山海关，近在咫尺的北京随时都会沦陷，甚至整个中国都有沦陷的可能。

  为了保护国民，虚弱的清政府以前所未有的效率行动了起来。外务部右丞相施肇基，力荐时年31岁的伍连德前往东北承担防控鼠疫的重任。伍连德是中国第一个进入剑桥的华人，24岁就拿到了剑桥大学5个学位（医学学士、文学学士、外科学硕士、文学硕士、医学博士），是学霸中的学霸。他带着一个助手，顶着一个"东三省防疫全权总医官"的头衔，迎着逃难的人群，毅然前往东北疫区。1910年12月24日傍晚，伍连德抵达了疫情最严重的哈尔滨傅家甸区域，立刻开始了紧张的工作。

当时的哈尔滨城，西医并不多，而且也不为普通中国人诊治，实际上，他们自己也没有什么好办法，当时全人类都没有治疗鼠疫的特效药。所以，整个哈尔滨仅有31名在政府登记的执业医师可以帮助国人，但这些本土名医试遍了各种古方，均没有丝毫效果。更可怕的是，在短短的一个多月里，这31名在当地享有盛誉的名医中有17人死于鼠疫。整个哈尔滨人心惶惶，谣言四起。伍连德接手的就是这么一个缺医少药，一片混乱的哈尔滨城。

在伍连德到来之前，东北当地政府并没有坐以待毙，他们认为只要消灭了老鼠，就掐断了源头。于是在西方专家的指导下，东三省开始了轰轰烈烈的灭鼠运动。但是伍连德却对此提出质疑，他认为鼠疫的起因是由于俄国人和东北人都喜爱貂皮用于御寒，但貂太少，于是就有很多人用土拨鼠的皮毛来代替貂皮，终于有一天碰上了一个变异的剧毒细菌，从土拨鼠身上转移到了人身上，通过皮毛商人扩散到东三省，这种新型鼠疫，具备人传人的特点，传播途径为空气飞沫，可通过呼吸传染，伍连德称之为"肺鼠疫"。伍连德研究清楚后，为了防止疾病蔓延，他发明了棉纱口罩，要求大家戴口罩；阻断交通，开始强制进行"隔离"；建立"疑似病院"，把疑似感染的病人也隔离起来；顶着巨大压力，坚决不准老百姓下葬死人，尸体和棺椁全被集中起来焚烧烧掉了。1911年4月23日，清政府宣布东三省鼠疫肃清。在这次疫情中，东北1,400万人口，最终死亡6万余人，仅仅是同时期印度鼠疫一周的死亡人数，在那个时代，这个成就是"逆天"的了。东北大鼠疫拉开了中国"第一次卫生革命"的序幕，是中国公共卫生的起点，并奠定了中国近代防疫体系的雏形。

曾肆虐欧洲长达四个世纪的鼠疫，被一个受歧视的黄种人在几个月里防疫成功，这是人类历史上的第一次，而且是由贫困落后的中国做到的，简直是不可思议的奇迹。伍连德的防疫方案，成了迄今为止全世界用来处理突发传染病的最佳手段。

　　之后荣誉加身的伍连德并没有陶醉自满，他预测鼠疫在合适条件下还会再度爆发。为此，他辞去了高官厚禄返回东北，创办了中国第一个卫生防疫机构，并为中国培养出了第一支防治鼠疫的专业队伍。1920年底，鼠疫果然卷土重来，但这次伍连德准备了十年，成功将灾难遏制在了东三省的北部，仅死亡5,000余人，从此之后，东北再也没有爆发过鼠疫。

　　学生们预习了学习资料后，笔者组织大家在线发表各自的想法。讨论中，学生们对伍连德传奇事迹表现出了前所未有的兴趣和由衷的敬佩，明确表示，通过学习史实树立了强烈的民族自信和文化自信，更加热爱自己的祖国了。多数同学认为，今天大家遭遇的疫情比当年的东北鼠疫要弱的多，但今天中国的雄厚国力和先进的防疫条件，早已和110年前防疫条件不可同日而语。疫情面前，一个月来，我中华民族正展现出前所未有的中国速度：试问哪个国家有这种执行力？！一纸命令，封城！一声呐喊，几百医生除夕奔赴灾区！一个号召，全民春节不出门！一声动员，数百挖掘机几天建一所医院！中央拨款10亿补助湖北防控疫情；民间筹备防护服、口罩、隔离衣等防护物资，捐给湖北省慈善总会、红十字会、医院等；海外的留学生捐赠疫区340万套防护服，价值超3亿！试问美国、日本、欧洲各国哪个能？！澳大利亚大火几个月扑不灭，美国一场流感夺走6,000余人生命……唯有中国、上下齐心、众志成城、科学施策能抵御一切艰险苦难！非典时，我们赢了；汶川地震，我们扛过！经过各抒己见和心理疏导后，学生们对于抗击疫情纷纷表示不再疑惑不再惶恐，决心从现在开始，做一些力所能及的事情，静待花开月圆时：好好吃饭，好好睡觉，绝不熬夜，注意个人卫生，保持房间整洁，养成良好的生活习惯；外出旅游时要带自己的碗筷，随身携带免洗手液，拒绝现金支付，住酒店带自己的牙刷、被套；假期里在家用心学习，帮助父母做家务，提醒家人避免不必要的外出，如果必须外出一定佩戴口罩。通过讨论，大家明确要度过一个不同寻常的春节，协同全国人民坚决打赢疫情防控阻击战！

随后笔者发送歌曲《Fight the Virus》（抗击病毒）和比尔·盖茨2015年在埃博拉（Ebola）爆发之后做的TED演讲英文视频给大家，供学生自主学习。

Fight the Virus

Hello virus in Wu han（你好！出现在武汉的病毒）

Another problem's here again（同样的问题又出现了）

Because you see the contagion creeping（你看传染在蔓延）

And the virus is indeed spreading（病毒的确在传播）

And the memory of Sars planted in my brain still remains（关于非典的记忆还深深地扎根在我的脑际）

We stand and fight the virus（我们一起抗击病毒）

We hear of theories how it grew（我们听到了病毒生成的理论）

From snakes and bats became a flu（来自蛇和蝙蝠成为病毒）

Passing the sickness from man to man（这个病毒人传人）

Now it's growing, getting out of hand（现在它发展迅猛，很难掌控）

It's a virus that has travelled near and far（它是一种远近传播的病毒）

Corona（冠状病毒）

We have to fight the virus（我们必须抗击病毒）

And in the latest news I saw（我看到的最新消息）

Ten thousand people maybe more（近万人感染）

People falling sick with much coughing（患病者多咳嗽）

People falling ill with much sneezing（患病者爱打喷嚏）

People worried for their health and their ones so dear（人们担心他们自身和家人的健康）

Pneumonia（肺炎）

We keep the fight the virus（我们在抗击病毒）

Keep your hand clean always know（一定要记住保持双手干净）

Hygiene will stop that virus grow（讲卫生会阻止病毒传播）

When you sneeze cover with a tissue（打喷嚏时要用纸巾）

Even coughing just let me teach you（咳嗽也要避开别人）

Wear a mask if you're sick（假如病了要戴口罩）

So that others won't get it too（为了不要传染别人）

We count on you to help to fight the virus（我们信赖你们帮我们一起抗击病毒）

Together we must overcome to beat this virus fight as one（我们要同心协力战胜病毒）

For a life of health and harmony（为了健康和谐的生活）

It's in our hands（胜利在我们手中）

It's up to you and me（由我们决定）

For the health of our land of our friends and family（为了这片土地上我们朋友和家人的健康）

Harmony（和谐）

We will win this fight the virus（我们必须打赢这场抗击病毒的战役）

由保罗·西蒙创作的歌曲《The Sound of Silence》曾作为电影《毕业生》的插曲和片尾曲，这首歌作为历史上最经典的音乐之一，打动了全世界亿万人的心灵，传唱至今久久不息。《Fight the Virus》正是借用了《The Sound of Silence》的音乐，把歌词改写了而已。美好的音乐一定会带给学生们心灵的抚慰，歌曲内容会让他们了解历史的同时，更能积极面对现实，肩负起责任和使命，从我做起从现在做起。

比尔·盖茨2015年在埃博拉（Ebola）爆发之后做的TED演讲——《面对病毒爆发，全世界都没准备好》中显示，他认为在未来几十年里，如果有什么东西可以杀掉上千万人，那更可能是个有高度传染性的病毒，而不是战争；不是导弹，而是微生物。他认为在全世界范围内，大家其实都投资不足，研究不到位，更没有足够的准备来应对突发传染病。今天在新型冠状肺炎爆发之际，笔者和学生重新聆听，大家由衷佩服和感谢比尔·盖茨先生的远见卓识，都希望以此为起点，人类能够行动起来，敬畏自然，尊重生命，拯救自己的未来。

接着笔者告诉学生，不同的国家欢度春节的方式也各不相同：

在巴厘岛，每年的新年叫做寂息节，所有人都静静地待在家中不允许出门，不得点灯，不得烧火，大家基本都会清食冥想，审视自己这一年的不足与成长。在那里，新年是与自己待在一起的一天。

中国人的新年往往是热闹非凡，走街串巷互相拜年，却遗忘了拜访自己的心，与自己做一次长谈，沉淀下来仔细看看自己的人生，审视一下自己过往的种种，真的是喜乐平和的吗？还是有很多旧有

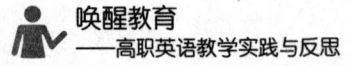

习惯需要改进、改善?

全民族静下来,是一个国家开始进入深度思维的好契机。这个春节,大家都戴着口罩,静坐在家中,每个人都请仔仔细细地看一看自己的人生,审视自己的生活方式,审视自己的饮食习惯,审视自己对万物生命的态度。

病毒是一种生命的载体,它的出现是为了重新平衡集体意识创造出的物质世界。病毒疫情在春节前的突然爆发,并不是偶然事件,这是大自然给我们每一位中国人敲了一记警钟!更是大自然给我们上的一课!

当每一位中国人开始净化自己的思想,清理我们的传统认知,审视自己的问题并改善;当我们所有人一起集体转念,意识到生命就是生命,没有贵贱之分,人类也仅仅只是生命的一种载体,我们无权宰杀别种生命体,仅仅为了满足自己的口腹之欲,我们无权破坏自己的家园生态。我们是需要自然并赖以生存的物种,我们与万物真正是连接一体的。我们每一个人只有彻底净化了自己的意识与认知后,才会真正地帮助阻击这次疫情的发展,保护好自己的家园。当我们每个人都开始意识到这些,内在开始充满慈悲与理解时,病毒也会慢慢自动地销声匿迹。

影片《肖申克的救赎》里有一句经典台词:"不要忘了,这个世界穿透一切高墙的东西,它就在我们的内心深处,那就是希望。"没有过不去的冬天,也没有来不了的春天,我们一定要坚信:疫情很快就会过去,春天很快就会到来。

教育并非只是获取分数那样简单。一个封闭心灵的重新开启,一段生命历程的悄然引领,一次方向迷失的伸手相助……这些其实都是教育,都是比获取分数更为重要的教育。

"师者,传道,授业,解惑也",作为一名英语教师,在传授语言知识的同时对学生的个人成长又有所指导,我想这是每个教师所梦寐以求的吧!教师的神圣使命是帮助学生学习他们想要了解和需要了解的东西!

教师要心系学生的发展,心系自身的发展,心系整个教育的发展。

5.2 教师素养及职业特点

5.2.1 教师素养

素养从广义上讲包括道德品质、外表形象、知识水平与能力等,是以先天遗传为基础,由后天养育个体所受的各级、各类教育,人生经历,个人的生命实践积淀而成。教师素养指教师具有的素质和修养,首先包括教师作为一个公民的基本品质,其次包括教师从事教育工作所需的专业知识技能、思想政治素养、道德素养、文化素养、专业素养、身心素养等,它是一个教师从事教育教学工作的前提条件,也是教师专业素养的内涵。教师素养的高低直接影响着教师本人的素质,更影响着其所培养出的人才的质量。教师唯有提高自身的基本素养,才能从作为一个人的角度来发展自己,进而更好地提升自己的专业,真正地实现专业化发展。

(1)教师素养主要包括五方面:

①思想素养

良好的思想素养是教师素养的核心内容。教师要加强思想引领,创设良好氛围，集聚催人奋进、进取向上的正能量，唤醒、激发和释放每个师生的智慧和潜能，让人人都有梦想和追求是教育和教育者的神圣使命。

②道德素养

道德规范是教师在教育工作中应遵循的行为规范和准则，它是教师道德结构中的主体部分，它在教师全部道德品质中起重要作用。

③知识素养

教师的主要任务是向学生传授科学文化知识，促进学生个性全面发展。因此，具有"渊""博""广""杂"的知识结构是教师做好本职工作的一个重要条件。教师要有一定的文化底蕴，教师的文化底蕴越厚重，对教师专业发展才越有利，教师自身发展也才能水到渠成。

④能力素养

教师的能力素养是进行教育活动，完成教育任务的重要保障。现在很多学生出现问题，从教者也困惑其中，明明尽量给了学生最大的支持，最好的爱意，最贴切的关心，怎么还不满足，于是得出结论：现在的学生真难管。

你给了，不假，是学生需要的吗？看到学生的无奈、不情愿了吗？甚至学生明明白白地表达，有多少教师认为他是在辩解？一个具有生命活力的人，不被重视和看到，你给到再多，也是没用的。还是那句话：教师作成年人好久了，忘了自己来时的路了。

曾经的我们也如现在的学生一样迷茫、困惑，甚至不知好歹，不思上进，自作主张，妄想主宰自己的命运，反对老师的过度干涉与参与等等。回到那个时候，与学生探讨、商榷、求同存异、尊重、和谐，也许你收获的是一个既爱学习，还爱生命与未来的学生。

⑤身心素养

教师工作既是一种颇富创造性的脑力劳动，又是一种兼有一定劳动强度的体力活，所以教师必须有良好的身心素质做保证。健康良好的身心素质是教师职业素养赖以发展的基础，其在教师的职业生涯中起着决定性的作用。它可以使教师在工作和生活中保持高昂振奋的精神和轻松愉快的心境，从而提高工作效率，保证教育质量。

（2）教师应具备的职业素养

①专业知识

这是作为一个老师的必要条件，从教者要终身与书为伴，有充足的、不断更新的知识储备，要有自己规范而独特的教学方法。教师既要完成国家对教学的要求，照顾到方方面面，又要把自己的个性融入到教学中，体现出自己的教学特点，教学过程从容不迫，如行云流水般自然流畅，给学生艺术般的享受。只有教师更能接受新知识，更能跟上时代的脉搏，才更有可能探寻到易于学生掌握知识的适当教法，通过严谨的治学态度，风趣幽默的话语，新颖的授课方式，化繁琐为简单、死板为生动的能力，使学生乐于参与到学习活动中来，成为学习的主体。

②健康的心理

教师首先必须是心理健康的人，因为只有心理健康的教师才能培养出心理健康的学生。教师的心理健康水平高会使其在智力、情感、意志等方面的机能都得到正常的发挥，从而有助于提高工作效率。教师要用爱的眼睛发现学生的优点；用爱的鼓励调动学生的信心；用爱的感觉滋养学生的情感；用爱的行为影响学生的道德；用爱的理由拒绝学生的无理；用爱的责任惩罚学生的错误；用爱的意志磨练学生的斗志；用爱的激情回报学生的真诚。教师要不断学会运用爱的语言的力量去创造生命中的美好。当我们内心处于欣赏对方的状态时，当我们发自内心的赞美时，我们的整个内在世界也会发生相应的变化，得到一份巨大的疗愈力。我们是自己命运的创造者，我们外在所看到的一切，正是我们内心世界的呈现。教育是以人格影响人格的事业，为人师者首先应该把自己的人格塑造好，把自己的心灵修炼好。

③关心学生的思想健康

唐代韩愈说:"师者，所以传道授业解惑也。"习近平总书记认为："传道"是第一位的。一个老师，如果只知道"授业"、"解惑"，而不"传道"，不能说这个老师是完全称职的，充其量只能是"经师"、"句读之师"，而非"人师"。古人云："经师易求，人师难得。"一个优秀的老师，应该是"经师"和"人师"的统一，既要精于"授业""解惑"，更要以"传道"为责任和使命。

《高等职业教育英语课程教学要求》中明确提出，要培养学生学习兴趣和人际交往能力，加强素质培养。素质的提升是一个人成长的缓慢过程，这里既包括了各类知识的汲取，还意味着团队合作时的协作、奉献精神。高职教育的目的是要培养综合素质全面发展的应用型人才，教育部《关于全面提高高等职业教育教学质量的若干意见》中指出："高等职业院校要坚持育人为本，德育为先，把立德树人作为根本任务。要高度重视学生的职业道德教育和法制教育，重视培养学生的诚信品质、敬业精神和责任意识、遵纪守法意识，培养出一批高素质的技能性人才。"高职教育要把专业技能教育与人文素养二者有机结合起来，为国家培养出创造型高素质人才。

大家都知道只有德才兼备的人才才是真正的人才，但是这些人才从哪里来呢？教师如果把教学活动简单理解为传授道理、讲授知识、解答疑难问题，那么会出那样的人才吗？所以一定要重视学生的思想道德建设问题，而关心学生的生理和心理健康是做好学生思想道德建设的充分条件。教师关心学生的衣食住行，会让学生感觉到长辈的关怀和集体的温暖，也会让学生家长更加理解老师，乐意和老师形成合力，教育好自家孩子。相比家长，教师的关心往往更理性，学生也更愿意接受。教师要建立正确的学生观，了解学生的需要，尊重、理解、贴近他们，做一个服众的、有强烈的责任心、威而有信的老师。长期以来的教育误区，把教育仅仅看做是在严肃的教室中的苦行僧的生活，而忽视了对学生来说更有意义的唤醒教育和自我教育。从某种意识上讲，教育的所有意义与价值就在于：唤醒人类心灵中的真、善、美。

（3）如何提高教师职业素养

①做榜样之师，成偶像之师

教师的职责是教书育人，而育人是根本。俗话说："亲其师，则信其道；信其道，则循其步。"如果说教师是旗帜，学生会如影随形般地跟着走；如果教师是路标，学生会毫不迟疑地顺着标记前行。教育的主体是学生，教师只有在学生的心中树立美好的典范形象，才能使自己的思想渗透、感染学生，才能把知识顺利地传授给学生。正所谓"学高为师，身正为范"。

②做智慧之师

若想授人以渔，教师必须要有渊博的知识，树立终生学习的观念。若想上课时纵谈古今、妙趣横生、旁征博引、随手拾来、左右逢源，让学生一个个如痴如醉，感觉"听君一席话，胜读十年书"，教师就要有过硬的功底，时时刻刻记得给自己充电，不断提高自己的专业知识和业余知识，靠自己的人格魅力去吸引学生，只有这样面对灵活多变的学生时，才能做到得心应手，应对自如。

③欲立人，先立己，加强内省

想要塑造学生的灵魂必须首先净化自己的心灵。孔子曾说："见贤思齐焉，见不贤而内自省也"(《论语·里仁》)。教师以师德规范为准则，以品德高尚的人为榜样，时时反省自己，就能少犯错误或不犯错误。古人尚知内省，作为新时代的人民教师，更应该努力加强自身修养，强化自己的道德意识，磨炼自己的道德意志，并在实践中把道德意志转化为道德行为，做一个品德高尚的人民教师。

④时刻保持身心愉悦

历史是前进的，思想是流动的，教育是会经常发生变革的，教师既要心系学生的发展，又要关注自己的提高，进而注意整个教育的走向，教师的工作责任重大，身心疲惫压力山大自不必说。能够客观、正确地对待压力，调控自我，学会转化压力是教师的必备能力之一。作为教师，要学会以审美的心态看教育、看学生、看自己。要从自己的工作中发现价值，将工作与自己的生命建立意义连接，从工作中找到生命的影子，自己的个性、创造力和才华。如果能心平气和地看待自己的职业，心态自会坦然，对工作就会充满热情。人们常用"人类灵魂的工程师"、"燃烧自己照亮别人的蜡烛"、"辛勤的园丁"、"精神雕塑家"等闪光的词句来形容和赞誉教师，这些美誉也鞭策和鼓励着教师努力进取，甘愿吃苦，乐于奉献；从教者会更加严格要求自己，甘做春蚕，乐当红烛，努力做到学高为师、德高为范、爱岗敬业、为人师表。

5.2.2 教师职业的特点

（1）职业的对象

教师面对的职业对象是活生生的、有主观能动性、千差万别的、正在成长中的青少年，教师肩负他们身心健康成长的重任，关注他们体力和脑力的发展，面对的是他们知识的获取、智慧的增长和品德的养成，而在这个过程中每个学生表现的都不一样，因此教师要想把每一个学生培养成才，就必须静心研究学生的成长规律、教育的规律和正确的教育方法。

（2）职业的内容

教师的工作不仅要教书，更要育人。教师要使学生身心健康的发展，把他们培养成有理想，有道德，有文化，有纪律的四有新人。教师要修养仁爱之心，宽容之心，真诚之心，平等之心，仁者爱人，宽者容忍，真者感人，平者得人。

（3）职业的方法

教师职业与其它社会职业最大的不同之处在于，教师的一言一行深刻影响着学生，教师是通过自己的知识、智慧、人格魅力在和学生共同学习和活动中去感染、触动和提升学生。教师对学生来说是行为的示范者，知识的传播者，智慧的启迪者、情操的陶冶者。正是教师职业的这些特点，它要求教师要做到"学为人师，行为世范"。

学生及对其教育是一座桥，踩着这座桥，从教者回到了自己。学生是教师的投射之物，教育是教师的投射手段。在实现学生的圆满之中，教师必先圆满自己。同样的道理，教师在圆满自身的过程中，学生也必圆满。外在世界是内在世界的结果，内在世界给予外在世界美好的能量。

5.2.3 基于教师的职业特点，教师心理素质需完善

素质教育实施的关键是课程改革，即转变教育观念，提高教师素质。其中教师素质的提高尤为重要。而在教师素质中，心理素质又是核心，它直接影响教师潜能的发挥，影响学生素质的培养。根据素质教育要求，教师应具备的心理素质主要包括正确的人生观、价值观与学生观；教育教学的自信心；创新意识与创新能力；交往能力、组织活动的能力和良好的个性品质。

教师对学生的教育是心灵对心灵的感受，心灵对心灵的理解，心灵对心灵的耕耘，心灵对心灵的创造，因此，作为"人类灵魂的工程师"，从事着教育和培养祖国一代新人的事业的从教者，应具备特定的人格特点。

(1) 心态积极

心态积极与否是人与人之间存在的微小差异，但这种极小的差异最终却往往导致了巨大的差异——成功与失败。教师要有积极的心态，相信每一个学生都能成功，要满怀深情的去关爱和教诲每一个学生，同时还应该多给予学生正面鼓励和赞美，给予尊重，感同身受并给予中肯的建议，给予选择权和决定权。莎士比亚曾说过这样一句话"赞美是照在人心灵上的阳光，没有阳光我们就不能生长。"心理学家威廉姆·杰尔士也说过这样一句话"人生最深切的要求就是渴望别人的欣赏"。人在感情上是需要得到表扬和激励的，特别是获得正面表扬或激励时，他们的创造力会比平时提高80%。教师对学生的正面激励会激发学生的创造力，使学生产生"亲师感"，从而达到

教师所想达到的教育效果。教师的工作就是如何最大限度地激发学生乐于学习和超越自我的热情。鼓励成功则是激发学生内在动力的灵丹妙药。因此，在生活和工作中，教师应该以鼓励代替批评，以赞美来启迪学生的内驱力，使他们自觉的克服缺点，弥补不足，这样利于创造出一种和谐的气氛，会使学生都怀着一种积极的心态，有利于学业事业的成功。

（2）自控能力

如果说热忱是促使教师采取行动的重要原动力，那么自制则是指引教师行动的平衡轮，作为教师学会控制自己的情感尤为重要，既不做冲动型教师或放任型教师，也不做专制型教师或强迫型教师。美国社会心理学家费斯汀格有一个著名的理论，即"费斯汀格法则"：生活中的10%由发生在你身上的事情组成，而另外的90%则由你对所发生事情如何反应决定。无论是何种人际关系中，如果能做到"内观"自心，觉知自己的心理演变，就可能收获师生之爱、友谊之花、事业之峰、生活之美……人类是情感类动物，会思考并且具有较强的反思能力，教师要想工作得心应手，需要有认识自己情绪的能力，管理自己情绪的能力，识别他人情绪的能力，管理人际关系的能力，这些非智力因素决定着师生的生活质量。当学生说了几句教师不想听的话或者做了教师不愿看到的事，如果教师冲动之下立即针锋相对苛责学生，那就大错特错了，因为恶语与恶意对自己和他人的身心都会有损害，甚至终生会在学生的心底留下难以抹去的阴影。敌意会激起敌意，善意会激起善意，处理任何事情，遇到任何人或事，如果学会"先安抚自己的内心"，"必然拥有安抚天下"的能力。唯有做自己情绪的主人，才可能主宰自己的命运！宽容大度是教师心理必须具备的品质。社会心理学中把宽容理解为有权力责备处罚而不加以责备处罚；有权力报复而不加以报复的一种道德心理结构。宽容首先表现在能容忍学生对自己的不满，还表现在能容忍学生的缺点和错误。教师的威信来自于自律，而不是对学生的严厉，要想赢得学生的尊重和信赖，不能靠教师这个身份，而要靠教师的自我成就和对学生的人文关怀。教师不应该只关注学生的不良言行，更应该看到行为背后隐藏的心理问题，解决行为问题一定要从化解不良心理入手。面对不同学生，同一种行为背后很可能隐藏着不同的心理问题，而不同的心理问题需要通过不同的方式去解决。

（3）个性魅力

心理学中有一个被称作"向师性"的现象，是说如果学生喜欢这一科教师，那么他就会喜欢这一门课程，从而在该课程中表现出极大的兴趣和内驱力，也就使这门课成为他拿手的学科。人生的魅力在于人情的美好，人情的美好在于人性的美丽，而人性的美丽在于迷人的个性。教师的人格魅力就是以高尚的师德、超人的才情、浓厚的学术造诣为基础升华而成的具有感召性的人格魅力和精神气质。也就是说，一方面，教师要有严肃认真、敬业爱生的教育精神，即身正；另一方面，教师要有宽广厚实、多才多艺的学养才能，即学高，正所谓学高为师，身正为范。具有良好人格魅力的教师，很容易赢得学生的信任、尊重和欢迎，很容易激发学生的求知欲和对远大理想的追求，有利于培养他们的创新意识和创新能力，在潜移默化中影响学生的人格、志趣，甚至影响学生的一生。事实上，古今中外有成就的教育家、科学家无不具有这种人格魅力。所以良好的人格魅力是教育者必备的本领和才能，是为人师表必需的修养和精神，是21世纪教师必备的从教素质。

（4）共情能力

亦被称作移情能力，指的是一种能深入他人主观世界设身处地了解其感受、体验他人处境，从而达到感受和理解他人情感的能力。通俗地说，是指在与他人交流时，能感受到对方的内心世界，能将心比心的体验对方的感受，并对对方的感情作出恰当的反应。共情通常是在人与人交往中发生的一种积极的感觉能力。广义的共情是指所有人际场合中产生的设身处地为他人着想的能力，共情能力强的人在看到别人受伤害时，会有心痛的感觉。

近些年来，共情被视为社交中的重要能力之一。共情在社会学和心理学都有其积极作用，能设身处地替人着想，可以减少很多不必要的烦恼，如此有助于与他人建立健康的人际关系，这一点对于教育领域的师生相处尤为重要。共情有助于教师与自己不喜欢的学生相处时尽可能从对方的角度去想问题，这不仅会阻止伤害别人的心念产生，而且利于及时控制住自己，使事态不至向更糟的方向发展，而这样做往往就是给自己留了余地。

英国诗人米尔顿在《失乐园》有句名言：心是居其位，只在一念间；天堂变地狱，地狱变天堂。千万不要小看一个小小的念头，你的任何起心动念都可能改变整个世界。当从教者开始用欣赏的眼光看待周围一切的时候，内心就是一种欣赏的状态，而这种美好的情愫赋予教师的则是积极的正能量，而满满的正能量又会引导教师选择有意义的人生。教师此刻说的每一句话必定都是真诚的、激励人和赞美人的良言，从而使师生之间的情感交流形成一个积极、正向的循环。从这个角度看，共情也是一个社会能够和谐发展的重要因素之一。

（5）合作精神

课程改革是全方位的改革，涉及培养目标、课程结构、课程标准、课程实施和评价、课程资源开发等诸多方面，这些都需要教师对其取其精华，去其糟粕，单个教师的力量和智慧过于薄弱和有限了，若想取得真正的成功，需要全体教师的合作。教师合作有助于教师发展意愿的激发与强化；有助于教师个体反思能力的提高；有助于教师的个人知识、实践经验的总结和推广；有助于教师合作文化的形成、传授与变革。力量和成功是相辅相成的。任何人只要拥有知识及能力，和谐的联合他人，发挥出集体智慧的力量，那么就会在竞争中长期立于不败之地。因此作为教师，应该加强合作，在合作中寻找集体智慧的结晶，在合作中提升自己的修养和品位。

新课改需要新型的教师，随着基础教育课程改革的深入开展，教师只有进一步转变角色，才能适应现代社会对教师的要求，才能更好地培养出具有创新精神和创新能力的人才。作为新世纪的教师，应不断加强自身修养，健全心理素质，为培养适应时代变化的新型的合格人才而努力。

参考文献

[1] 教育部高教司. 高等职业教育英语课程教学要求 [DB/OL]. http：//jypc.org/e/DoPrint/?classid=136&id=6302.，2009

[2] 王吉庆. 信息素养论. 上海教育出版社，2001.M

[3] 秦勤. 高职英语教师信息素养调查与分析 [J]. 武汉船舶职业技术学院学报，2010年第1期.p.107

[4] 陆真. 信息技术与化学课程整合的研究 [D]. 南京师范大学，2007. 前言

[5] 陶玉凤，刘海英. 信息技术与教育整合的模式研究 [J]. 宁夏大学学报（人文社会科学版）第26卷2004年第5期（总第120期）p.121

[6] 冯晓峰. 信息技术与高中化学课程整合的研究 [D]. 南京师范大学，2008. 第一部分第二节

[7] 张舒予，朱静秋. 信息技术支撑下的视觉素养培养（上）[J]. 电化教育研究，2005年第3期总第143期 p.12-13

[8] 谭晓辉. 关于高校教育信息化的现状和思考 [J]. 吉林省经济管理干部学院学报，2007.8 第21卷第4期，p.94

[9] 洪明. 欧美国家教育信息化的现状和趋势 [J]. 比较教育研究，2002（7）：17.

[10] 陈中. 运用影视教育资源创设语文课堂情境 [J]. 教学与管理，2006.12 p.116

[11] 邵小晗. 基于影像思维的微课制作探析 [J]. 黑龙江教育，2015年

第 10 期（总第 1152 期）p.62

[12] 曾祥霖，张绍文. 论信息技术与课程整合的内涵、层次和基础 [J]. 电话教育研究，2006 年第 1 期（总第 153 期）p.52

[13] 对《关于"十三五"期间全面深入推进教育信息化工作的指导意见 – 资料中心 –《网络（http：//info.jyb.cn/j)》

[14] 李青岚. 影视资源与中学语文教学整合研究 [D]. 中国优秀硕士学位论文全文数据库 2010.02 摘要

[15] 汪小刚. 关于信息技术与课程整合的再思考 [J]. 教育探索，2006年第 8 期（总第 182 期）

[16] 冯奕竞. 视觉文化研究新领域—网络视觉文化 [J]. 电化教育研究，2003 年第 2 期 .p.3

[17] 纪楠 祈琳. 浅析英语演讲对英语口语课堂教学的促进作用. 职业教育 2013,（8）p79

[18] 彭晋祈. 英语演讲教学的理论和实践. 湖南科技学院学报 2008,（6）p211-213

[19] 帕克·帕尔默. 教学勇气. 上海：华东师范大学出版社，2005.

[20] 肖北方、杨雪梅. 教育学. 北京：北京出版社，2007.

[21] 高明书、卢强. 教育心理学. 北京：北京出版社，2007.

[22] 欧阳荣华、王小雪. 教育技术学. 北京：中国人民大学出版社，2011.

[23] 孙众、沈海娇、骆力明. 英语教师利用技术促进语言学习的教学能力研究. 现代教育技术，2014, 24（2），63~69.

[24] 冯萍. 利用英语原文电影提高英语听说能力【J】. 电影评介，2007（1）：61.

[25] 李颖. 论英语电影欣赏课程的教学模式优化【J】. 安徽工业大学

学报,

(社会科学版), 2009 (1): 26.

[26] 何锐连. 校园文化建设与高职人文教育[J]. 高等教育研究, 2006年6月第27卷第6期

[27] 张立国, 葛晓晓. 关于信息技术与课程整合期刊论文的分析与反思[J]. 现代教育技术, 第19卷2009年第10期

[28] 彭吉象. 电影审美心理的奥秘[J], 当代电影, 1989年04期.p.32

[29] 王斌. 浅谈影视心理学疗养之内涵及前景[J]. 影视艺术, 2014年6期.p.235

[30] 孙小絮. 探析电影蒙太奇的心理依据[J], 电影文学, 2012 (2).

[31] 罗铭. 教育心理学视角下探析音乐教育的心理塑造功能[J], 教育之论_理论研究, 2014年02期.p.7

[32] 陈越红. 音乐蒙太奇的应用与美学分析[J], 艺术与技术, 2010年09期.p.137

[33] 陈岳琴. 论电影声音与画面的音画合一[J], 电影文学, 2008年12期.p.6

[34] 李抗 叶浩生. 论格式塔心理理论中的系统科学思想[J], 社会心理科学, 第26卷 总第126期 2011年第8期 总第909页

[35] 宋蓓. 格式塔心理学对中小学音乐综合课的启示[G]// 全国高等音乐教育课程发展与教学研究学术研讨会论文集: 上册, 2006: 2.

[36] 侯燕. 音画统一与视听合———电影音乐特性研究[J]. 中国音乐学, 2007, (1): 106-112.

[37] 陈旭光. 电影艺术讲稿[M]. 北京: 新世界出版社, 2002: 170.

[38] 戴锦华. 电影理论与批评. 北京: 北京大学出版社, 2007.

[39] 陆扬.精神分析文论.济南：山东教育出版社，1998.

[40] 郅利聪.荣格与弗洛伊德"心理结构理论"的差异比较研究[J]，湖北教育学院学报，2006年11月第23卷11期.p.30-31

[41]《心理结构与动态》，荣格全集，第8卷，p.121

[42] 谭丽勤.浅谈虚拟场景中光影视觉效果产生的心理效应[J]，美术教育研究，2014（9）.

[43] 宋家玲、宋素丽.《影视艺术心理学》中国传媒大学出版社.2014.1.p.5

[44] 刘微.非英语专业大二学生英语写作错误分析及其启示[J].语文学刊，2008（3）.

[45] 徐小贞.中国高职英语专业教育理论研究[M].北京：外语教学与研究出版社，2006.

[46] 李卓.人本主义心理学与英语听力自主学习[J].安徽水利水电职业技术学院学报2005（3），第5卷第1期

[47] 陈霁霞，曹深艳."课程思政"视阈下"基础英语"课程三维功能融通研究[J].

科教文汇（中旬刊），2018（4）：178-179.

[48] David, G. & Lindsay, M. Establishing Self- access from Theory to Practice [M]. Cambridge: Cambridge University Press, 1999.

[49] 黄小萍."人本主义"理念下远程开放教育学习者英语自主学习能力的培养[J].南京广播电视大学学报2013第一期，p63-65

[50] 文钟莲.人本主义自主学习下的外语教学创新模式研究[J].沈阳航空航天大学学报，2013（12）

[51] 李平，王聿良，吴美玉，王晓红."大学英语"课程向"课程思政"拓展的可行性研究[J].淮海工学院学报（人文社会科学版）

2018（10），第 16 卷第 10 期

[52] 刘晓阳. 大学英语"课程思政"的实施路径研究 [J]. 吉林工商学院学报 2018（10），第 34 卷第 5 期

[53] 邓月萍. 综合英语课程思政建设的教学设计探析 [J]. 高校论坛，2018（12），第 36 期

[54] 梅 强. 以点引线 以线带面——高校两类全覆盖课程思政探索与实践 [J]. 中国大学教学，2018 年第 9 期

[55] 朱毅，陈世润. 高职英语教学中的思政教育体系构建研究 [J]. 职教论坛，2017（32）：26-30

[56] 刘桂萍. 促进学生自主学习 打造生动人文课堂——高职"社交礼仪"教学改革探索 [J]. 宁波职业技术学院学报，2014（6），第 18 卷第 3 期

[57] 薛才佳. 价值论视角下高职英语教育的人文性与交往性研究 [J]. 湖北经济学院学报（人文社会科学版）2016（1），第 13 卷第 1 期

[58] 马大建. 校长成长，教师成长. 郑州：大象出版社，2015.8

[59] 刘艳萍. 英语演讲教学与思辨能力的培养 [J]. 外语艺术教育研究，2009（9），第 3 期

[60] 李小平. 网络影视课件学教程. 北京理工大学出版社，2013.10.

[61] 李小平. 网络影视课程编导论. 北京理工大学出版社，2016.4.

致　谢

感谢我的学生们，是他们给了我灵感！

感谢我的同事们，我的成长离不开他们的支持和鼓励！

感谢山西师范大学、南开大学外国语学院、北京理工大学继续教育学院培养了我！

感谢山西中医药大学、北京农业职业学院给了我一个展示自我的舞台！

感谢我在求学和工作过程中所遇到的每位老师，是他们用自己优秀的专业素养和深厚的人文精神使我深刻地认识到"所谓大学者，不在高楼，而在大师"的真谛！

通过他们的一场场精彩纷呈的讲座，我深刻认识到为人师的魅力，从而更加热爱自己的职业，立志为教育事业奋斗终身！

感谢我的家人对我学习和工作的理解和支持，以及生活上的照顾和关爱！